Vrijheid

Over het leven en sterven van een hersenschim

Bibliografische Information der Deutschen Nationalbibliothek: Die deutsche Nationalbibliothek verzeichnet diese Publikation in der deutschen Nationalbibliografie; detaillierte bibliografische Daten sind im Internet über www.dnb.de abrufbar.

© Andreas Müller 2017
Oorspronkelijke uitgave: BoD – Books on Demand, Nordersted
Oorspronkelijke titel: Freiheit
© Nederlandse uitgave:
Vertaling: Marlies Deckers
Omslagontwerp: Maren Roloff

ISBN: **9783748137368**

A: Dat is niemand.

V: Wie is dan die 'niemand'?

A: Gewoon niemand.

Inleiding

Dit boek heeft je niets te bieden. Het kan je hoogstens iets afnemen, terwijl tijdens het lezen zelfs dat idee net zo denkbeeldig zal blijken, als het idee dat er iets mee te winnen valt. Nou ja, behalve een heleboel fantasiebeelden over jezelf en het leven, zou je jezelf kunnen verliezen. Je zou jezelf kunnen verliezen. Maar zoals ik al zei, gaat het hier natuurlijk om een verhaal. Want bij bevrijding gaat het niet om het einde van een bestaande werkelijkheid, maar in feite is je eigen bestaan al een verhaal.
Zoals je jezelf ervaart, besta je namelijk helemaal niet, àls je jezelf al ervaart. 'Ik ben' en 'ik ervaar iets' zijn een droom. Het ervaren van een subject-object realiteit lijkt op een kunstmatige werkelijkheid, een kunstmatige optelsom van realiteiten, die berust op de ervaring van een echt object door een echt subject. En dat is precies wat de beleving is van 'ik ben' en 'ik ervaar iets'. In die beleving bestaan 'ik' – een persoon die hier en nu aanwezig is – en een situatie waarin ik me bevind. Dat is het mechanisme van afgescheidenheid. De meest subtiele vorm van afgescheidenheid is bewustzijn – een verfijnd ervaren van aanwezigheid, dat zichzelf als heel eigen, heel reëel ervaart, zij het onbekend.
Dit mechanisme – deze ervaring - is verbeelding. De werkelijkheid zoals die ervaren wordt, bestaat niet. Zichzelf als 'iemand' te ervaren, betekent, door de schijnbare gebeurtenis van het ervaren, afgescheiden te zijn van wat gebeurt. 'Ik ben' ervaart zichzelf als 'hier en nu' aanwezig, afgescheiden van de situatie waarin het zich denkt te bevinden. Deze schijnbare scheiding, die niet alleen slechts een idee is, maar een energetische ervaring, is de oorzaak van het gevoel onbevredigd te zijn en naar vervulling te willen zoeken. Het zoeken naar eenheid maakt deel uit van de droom van 'ik ben', net als het gevoel dat de eenheid verloren is geraakt. Het dilemma is, dat wàt het schijnbare ik ook ervaart, die ervaring in de beleving onbevredigend blijft, juist omdat het om een ervaring gaat. 'Ik ben' kan nou eenmaal alleen maar ervaren. Bevrijding, zoals die hier in dit boek besproken wordt, is niet het ontwaken uit de droom 'iemand' te zijn, maar het is het einde van die droom. Vanuit het

standpunt van 'ik ben' is dat de dood – het einde van de ervaring van echte aanwezigheid, het einde van de ervaring 'nu hier' te zijn. Maar in het sterven blijkt dat er helemaal niets leeft. Er sterft niets in het sterven en er leeft niets in het leven.
De scheiding die ervaren wordt is denkbeeldig. 'Ik ben' is denkbeeldig. Niemand hoeft te vinden, want niemand is verloren geraakt. Dat 'ik' bevrijd moest worden, is de droom. Dat de bevrijding ligt in de oplossing van 'mijn' problemen, is de droom. Dat 'iets' bestaat, is de droom. Als 'ik ben' opbrandt, brandt er niets op – en toch: wat blijft is alles. Wat blijft, is een volledigheid waaraan niets ontbreekt. Wat blijft, is dàt wat is. Wat blijft, is dat: niet-iets, dat verschijnt als dàt wat verschijnt. Het is het lezen van deze regels, het vasthouden van dit boek, deze gevoelens en gedachten – natuurlijk voor niemand.

Niet kennen

Leven in vrijheid betekent leven in Niet-Weten – in de zin van Niet-Kennen, dat wil zeggen Niet-Ervaren. Want als niets als echt ervaren wordt, kan ook niets als echt gekend worden. Het energetische patroon van de subject-object ervaring lost op in het onbekende. Vanuit het standpunt van het schijnbare ik mag dat dood en onwerkelijk lijken, maar ook hier zit de verrassing: de rijkdom van dat wat gebeurt, verbleekt volstrekt niet door het einde van degene die ervaart.
Alles vindt juist meer zijn juiste plek, namelijk van het schijnbaar werkelijke, naar het echt denkbeeldige. En ook dat neemt niets weg van dat wat schijnbaar gebeurt, maar geeft het zijn heelheid terug.
'Jij' bent namelijk degene die dàt wat gebeurt als imperfect ervaart, juist omdat je het alleen maar ervaart. Dit concretiseren van het niet-reële, dit leven als kunstmatige realiteit, blijkt zo pijnlijk en onbevredigend te zijn, dat je er eindeloos aan probeert te ontkomen. Natuurlijk is dat onmogelijk. Want het is niet een of andere droom waar je aan moet ontsnappen – je bent zèlf die droom. Het hele

mechanisme dat ik net beschreven heb – 'ik ben', 'ik ervaar iets', 'ik moet en kan vinden' – is verbeelding. Het heeft geen eigen realiteit, en duurt enkel zo lang 'het onbekende' als zodanig verschijnt. Je leven hangt aan een zijden draad. Nou ja, zowel jij als je leven bestaan gewoon niet. Dus in feite hangt er helemaal niets.

Het zoeken

Zo is het zoeken, het gevoel dat er nog iets ontbreekt, onderdeel van de ervaring 'iemand' te zijn. Het dilemma is, dat dit onbevredigend blijft, zelfs móet blijven. Het schijnbare ik zoekt iets wat echt is, in een realiteit die helemaal niet bestaat. Het vermoedt een reële situatie of een reële ervaring, 'bevrijding', hoewel zoiets helemaal niet bestaat, in een toekomst die er niet is en dus ook nooit zal beginnen. Nog afgezien van het feit dat er iets is, dat zoekt, het schijnbare ik, dat ook niet bestaat zoals het zichzelf ervaart, namelijk als echt. Zo is en blijft de zoektocht gedoemd tot mislukken. Niet alleen omdat elk vinden fantasie is, maar ook de zoeker zelf.
Is dit dan een oproep om het zoeken achterwege te laten? Ja en nee. Ja, want natuurlijk is, zoals hierboven beschreven wordt, elke zoektocht naar persoonlijke vervulling heerlijk en totaal tevergeefs; en nee, omdat er natuurlijk niemand is die het zoeken zou kunnen en moeten opgeven, omdat zoeken blijkbaar het onbekende is, dat als 'zoeken' verschijnt. Dus wie zou er iets opgeven, als dat wat verschijnt geen enkele zelfstandige realiteit heeft?
Dat betekent dat elke poging het zoeken op te geven, net zo goed gedoemd is te mislukken, omdat het hier ook weer zou gaan om een schijnbaar vergeefs zoeken. Ook hier vermoedt het schijnbare ik persoonlijke vervulling in het stoppen met zoeken, terwijl die niet bestaat, zoals al gezegd werd. Tja, je zou het een dilemma kunnen noemen, ook al is het 'enkel' schijnbaar.

Eenheid teweegbrengen

Het dilemma van het schijnbare ik is, dat het gelooft dat het eenheid (of God) moet omzetten in iets anders. Het gelooft dat het òf om een ervaring gaat, òf om een persoonlijke realisatie. Natuurlijk kan het schijnbare ik niet anders – het enige wat het kent is op die manier te leven en ervaren – en toch is deze poging hopeloos tot mislukken gedoemd. Alle spirituele methodes en religies ontstaan uit de veronderstelling goddelijk te kunnen worden, of tenminste goddelijke gelijkenis te kunnen krijgen. Zo probeert het Christendom al 2000 jaar 'liefde' teweeg te brengen in de wereld – schijnbaar met matig succes.
Boeddhisten oefenen in gelijkmoedigheid; spirituele zoekers proberen onvoorwaardelijke liefde te ervaren, duurzaam stil te worden, conditioneringen op te lossen om in vrede en zonder eigenschappen te leven, zich niet te laten raken, om als onaangeraakt, verlicht ik boven alles te zweven. De zoeker waant zich daarbij in een ontwikkeling die bestaat uit stappen voor- en achteruit, succes en mislukken. Wat hij niet ziet, is dat hij ronddraait in cirkels. Al deze schijnbare successen gaan nou eenmaal niet om de ervaring 'iemand' te zijn, maar spelen zich allemaal alleen maar af binnen de denkbeeldige ervaring.
Ze zijn geen optelsom tot een echt 'goed', maar vluchtige en vooral lege ervaringen. Ze zijn leeg, omdat ze geen intrinsieke werkelijkheid hebben. 'Ik ervaar iets' is nou eenmaal een droom – een realiteit die helemaal geen realiteit is. En zo brengen ervaringen geen enkele bevrediging. 'Ik ben' bestaat enkel uit leven binnen zijn droomwereld, uit werken, zoeken en schijnbaar vinden. Dat elke zoektocht en elk vinden net zo denkbeeldig is als hijzelf, blijft in zijn ervaring verborgen. Als het echt zou zijn, zou het tragisch zijn.

Niet erin

Dat wat is, is 'het' maar het zit er niet in. Het zit er ook niet omheen,

eronder of erboven. Het is dàt wat is. Het schijnbare. Het schijnbare ik vermoedt een scheiding tussen het absolute en het relatieve. Het gelooft dat dit absolute iets reëels is, achter dat wat hij ervaart. Zo vindt hij een god uit, een goddelijke intelligentie, een bron, een oergrond, de goddelijke vonk, een zuivere ziel – allemaal zaken die op de een of andere manier gescheiden zijn van dat wat het 'ik' als leven ervaart. Het dilemma is dat volmaaktheid helemaal niet ergens achter zit, maar alleen achter de 'ik ben' ervaring. Volmaaktheid ligt niet eens achter 'ik ben' en zijn eigen ervaring – want ook dat is 'het' – het lijkt alleen binnen zijn beleving ergens achter te liggen; maar ook dat is weer op zijn eigen manier volmaakt.
Je kunt niet ontkomen aan volmaaktheid, omdat je het bent. Maar zolang je bent, zal je het niet kunnen ervaren. Zitten is 'het', eten is 'het', spreken is 'het', denken is 'het'. En zo is volmaaktheid niets minder dan dàt, wat is. Dat is het zonder 'iets' te zijn.

Om – te

Nederigheid, inzichten, aanwezigheid, leren, waarheid, openheid – allemaal zaken die door spirituele leraren worden aangeraden; voorwaarden waaraan voldaan zou kunnen worden. Omstandigheden die men zou kunnen scheppen…. En waartoe? 'Om… te'. Om verlicht te worden. Om verder te komen. Om, om, om. Maar ik vraag: welke voorwaarden stelt de dood? Wat kun je doen om hem te versnellen? Hoezo moet je hem moedig, waakzaam en open tegemoet stormen? Ik vraag me af waarom? Ik heb geen leer. Ik kan je nergens heen leiden. Ik noch jij bestaan. Er hoeft aan geen enkele voorwaarde te worden voldaan. Geen enkele situatie is de juiste, want situaties bestaan niet. Wat je ook doet, wat je ook denkt, dat is 'het'. Dat is wat je zoekt, maar nooit zult vinden omdat het er al is. Niets is afgescheiden, niets is 'ergens anders'. Er is alleen maar dat, wat schijnbaar gebeurt. Niet terug te vinden, omdat het niet verstopt is. Niet waarneembaar, omdat het niet afgescheiden is. Leeg, want het is al alles.

Bevrijding

Bevrijding, zoals die hier ter sprake komt, is je dood – de dood van de ervaring 'iemand' te zijn. Het lijkt op de laatste uitademing: het is altijd ontspannen.
Tot op dat moment kan het van alles zijn: strijd, overgave, acceptatie, afwisseling daar tussen, verdringing. Zelfs bij de laatste inademing veronderstelt het schijnbare ik nog de laatste uitademing te zullen overleven en daardoor naar het volgende moment te worden geleid. Maar dat is niet zo, er leeft namelijk niemand. In de uitademing lost degene die tot dat moment overleefde op, ook al is het geen werkelijke dood. Hij lost op in de klaarblijkelijke helderheid van zijn verslaving aan illusie. Er was niemand in leven, en plotseling kan er ook niemand sterven. 'Ik ben' is een fantasie. Dat er iets kan sterven, hoort bij deze ervaring. Wat blijft, is dat wat is: schijnbaar bewustzijn zonder iemand die bewust is. Schijnbaar leven, zonder iemand die ervaart.
Wat blijft is dat wat is, onkenbaar, niet uit te leggen en te onderzoeken, niet in beweging, noch stilstaand, niet hier noch daar, niet iets, noch niets. Wat blijft is niet-iets.

Eenvoud

Deze boodschap, die in zijn eenvoud niet te overtreffen is, kan niet worden omgezet in iets anders. Er valt gewoon niets om te zetten. Er is niets te doen en niets te laten. Er is al niemand die doet of laat. Zodoende is dat wat gebeurt een val zonder richting, zonder begin en zonder einde. Daaruit ontwaken bestaat niet – ook het kwaad niet, dat het schijnbare ik tot aan het eind verwacht. Niemand heeft invloed op dit vallen zonder richting, niet van buiten, noch van binnen, omdat er simpelweg niemand is. Er is niets dat gescheiden is – niets dat erbuiten staat, noch iets dat erbinnen leeft. Zo zijn zowel God, een goddelijk bewustzijn, als de ervaring 'iemand' te zijn, het persoonlijke bewustzijn, verbeelding. Dat wil zeggen dat er 'alleen

maar' dàt is, wat is. Dat is 'het', meer is er niet.
Het dilemma voor het schijnbare ik is, dat 'wat is' niet kenbaar is.
Maar eerlijk gezegd, wie interesseert dat nou? En juist dat is het volgende dilemma voor het schijnbare ik: hij kan net zo vertrouwd raken met het inzicht dat de zoektocht tot hopeloos mislukken gedoemd is, als met het feit dat het voor hem totaal ontoegankelijk blijft. Door de ervaring afgescheiden te zijn – die natuurlijk denkbeeldig is – bestaat het natuurlijk 'alleen maar' uit onbevredigd zijn.
De schijnbare zoektocht ontstaat juist uit de ervaring afgescheiden te zijn.
Het heimwee naar eenheid kan noch door inzicht, noch door iets anders gestild worden. Het lost pas op in het schijnbare samensmelten – een samensmelten dat in feite helemaal niet plaats kan vinden, want de ervaring 'ik ben' is niet echt. Wat na dit schijnbare samensmelten, dat niets anders is dan het einde van het ervaren 'iemand' te zijn, overblijft, is niet te kennen noch te ervaren of wat dan ook – er blijft tenminste niemand over die versmolten is. Dat zou alleen in de romantische droom van 'ik ben' gebeuren en het zou persoonlijke verlichting zijn – iets wat net zomin bestaat als 'ik ben' zelf.
Wat over blijft, is dat wat is: niet-iets. Maar omdat niet-iets in de ware zin van het woord niet iets is, is en blijft het het niet-kenbare. Vermoed echter niet iets nieuws in het niet-kenbare, dat misschien ligt àchter dat wat schijnbaar gebeurt. Nee, het ligt er niet achter, noch ervoor.
Wat is, is dit: zitten voor een computer en deze regels lezen. 'Jij' zijn. Gedachten, gevoelens, een kamer, een elektrisch apparaat, dat is wat is en tegelijkertijd is het onkenbaar. Eerlijk gezegd is dat niet opzienbarend – het is gewoon zo, ongeacht hoeveel concepten en theorieën er over de aard van de werkelijkheid ontdekt worden.

Alles is leeg

Alles is, wat het is. Niets anders. Enkel dat. Alles is leeg – leeg in de zin van
'zonder afgescheiden inhoud'. In tegenstelling tot wat het schijnbare ik veronderstelt, neemt dit 'zonder afgescheiden inhoud' niets weg; het lijkt juist alles meer in het juiste licht te zetten.
Leegte is de natuurlijke werkelijkheid – en daarmee bedoel ik niet slechts een onbevredigend panorama vanuit het waarnemende 'ik-perspectief'. Leegte betekent alleen maar dat alles weliswaar is wat het is, maar bovendien leeg aan inhoud. Dat dingen echt zijn, dus een eigen 'inhoud', een eigen essentie hebben, hoort bij de 'ik ben' droom. Dat leeft daarmee in een wereld van inhoud, die als zodanig helemaal niet bestaat. De bevrijding ligt in het 'rechtzetten', in de schijnbare erkenning van het niet-dingkarakter, oftewel het niet inhoudelijke van de dingen.
Als je deze leegte enkel van een afstand bekijkt, is die nietszeggend en hooguit interessant voor de zoeker die gevangen zit in het neutrale perspectief van de waarnemer. Die kan dan een poosje in deze 'alles is zo leeg' trend zitten, tot ook dit 'beschouwen van de leegte' hem van pure verveling de strot uitkomt.
De verrassing die hierin zit, is dat dit pure 'alles is, wat het is' niet alleen geen enkele afgescheiden inhoud heeft, maar tegelijkertijd dermate vervuld is met de kracht van het (absolute zo-)zijn, dat dàt wat verschijnt niet alleen leeg, weliswaar leeg, maar ook vervuld, dus vol is.

De dood van Jezus

Het einde van 'ik ben' is de faillietverklaring van de spirituele zoeker.
Het is me niet gelukt mezelf te helen. Mijn poging een ander mens te worden is mislukt. Het is me niet gelukt te ontwaken. Het is me niet eens gelukt te overleven. In het schijnbare sterven wordt geopenbaard wat Jezus vermoedelijk bedoelde met 'het eeuwige

leven' – iets wat hij weliswaar predikte tijdens zijn leven, maar pas aan het kruis meemaakte. "Vader, waarom heb je mij verlaten?" – de laatste uitroep van het schijnbaar verdeelde ik in het uur van zijn grootste nood. Aan het kruis, tijdens het meest donkere uur, op het moment van de grootste wanhoop, sterft in Jezus het geloof in God, die hij gepredikt had. In deze naakte, hartstochtelijke confrontatie sterft Jezus. Wat aan het kruis sterft, is het 'ik ben' en samen met het 'ik ben' sterft Jezus de spirituele leraar. Wat blijft is niets. Niet-iets. De Heilige Geest, niet-iets. De ene Geest, die Huang Po misschien bedoelde. De ene Geest, die niets is en tegelijkertijd alles. Bevrijding lijkt meer op de dood aan het kruis, ook al is er geen enkele noodzaak tot dit drama. De dood kan zacht zijn, en ondramatisch. De verrassing is: in de dood sterft er helemaal niets. Hoe dramatisch de dood ook kan lijken vanuit het standpunt van de schijnbaar levenden, zo onbeduidend is het als het gebeurt. Het is niets. Er is namelijk net zo min iemand die leeft, als iemand die sterft. Het hele drama van degene die leeft om zich door het leven heen te vechten, eindelijk te ontdekken, eindelijk aan te komen, eindelijk te slagen – niets dan een droom. Opgelost. Zomaar. Aan het kruis, bij de bakker, thuis.

Ofwel hard en schel is, zacht en stil – wat blijft, is dàt wat alles is. Wat blijft, is het onbekende. Wat blijft, is Zelf, dat onkenbaar is. Bevrijding heeft niks te maken met spiritualiteit, die soms knus, soms grof en bruut wordt gebracht – allemaal in een poging in de tragiek van het zoeken een soort orde aan te brengen. "Maar we moeten toch verder werken aan onszelf", zeggen sommige leraren. Vergeet het. Waar moet de mens die aan het kruis is genageld nog verder aan werken? Zijn pijn integreren? Bah! Alleen de dood lokt nog met hoop. In de echte (schijnbare) dood blijft er niemand over die daarna nog zou kunnen…..

Uit het paradijs…?

Wat zei Jezus? "Het Rijk Gods is reeds aangebroken", en "Zoek niet".
Hij had zo gelijk. Het paradijs, de hof van Eden, werd nooit verlaten. Waarop slaat de verdrijving dan? 'Ik ben' – de kennis van het eigen bestaan. De ervaring 'iemand' te zijn, is de verdrijving uit het paradijs. Het goede nieuws:
verdreven worden bestaat helemaal niet. 'Ik ben' is denkbeeldig. Afgescheiden bestaan is denkbeeldig. Wat is, is de hof van Eden. Dat ook nog eens echt te realiseren, is niet alleen onmogelijk, maar ook overbodig. De wens en het verlangen dat 'ik' de hof van Eden als zodanig kan ervaren, hoort al bij deze denkbeeldige ervaring 'iemand' te zijn. Het is niet noodzakelijk.
De nood van het schijnbare ik, hoort bij de droom van aanwezigheid. Je bestaat niet. De nood is onecht en hoeft niet beantwoord te worden – niet als troost noch als hulp, noch als aankomen. Wat is, is de hof van Eden – een tuin waarin alles is, wat het is - naakt en puur. Er bestaat niets anders.

Eindelijk alles goed

Het schijnbare ik is verslaafd aan 'goed'. Het gelooft in een echt 'goed' en hoopt dat het dat ooit kan bereiken. De hele zoektocht naar verlichting,
vervulling, zelfverwerkelijking, ontstaat uit het hartstochtelijke verlangen en de bijna onwrikbare hoop van het schijnbare ik, dat ooit in het leven het punt komt waarop het eindelijk 'goed' is, en wel voor mij en voor altijd. Het hoeft geen spirituele zoektocht te zijn – 'ik ben' zoekt overal. Waar het ook gaat en staat, hoopt het iets te krijgen: een nieuw puzzelstukje op weg naar vervulling.
Omdat de eigen ervaring onbevredigend is, zoekt het een bevestiging dat het goed is. Het probeert zichzelf aan te praten dat het goed is, zoals het is. De hele zoektocht, alle religies, filosofieën,

ontstaan schijnbaar (!) uit deze ene vraag:
"hoe kan dat wat is, eindelijk goed zijn voor mij?! Werkelijk, echt goed?!"
Het dilemma is dat dat onmogelijk is. 'Ik ben' kende veel momenten, situaties waarin het 'echt goed' was, maar zelfs die konden dit verlangen niet bevredigen. Onbevredigd zijn hoort bij de ervaring 'iemand' te zijn. 'Ik ben' blijft onbevredigd, juist omdat het ervaart. Het blijft voortdurend afgescheiden van de ervaring – en is daarom niet vervullend. Dat is de werkelijkheid waarin het leeft. Schijnbaar! Als deze situatie echt zou zijn, zou het tragisch zijn. Het zou de eeuwige, onoplosbare scheiding van God zijn. Maar juist dat is de droom. Dit hele patroon van 'ik ben', 'ik ervaar iets', 'ik kan en moet eenheid ervaren', is denkbeeldig. 'Ik ben' heeft geen eigen werkelijkheid, maar is dàt, wat ogenschijnlijk gebeurt. Niets meer en niets minder. Dat is het wonder.

Oneness talks met Andreas

Echt

V: Bestaat er eigenlijk iets wat echt is?

A: Nee, natuurlijk niet. Er is alleen maar dat, wat ogenschijnlijk gebeurt. Zitten, spreken, elkaar aankijken... enz. Dat is 'het'.

V: Is eenheid niet echt?

A: Nou ja, er bestaat niets met de naam eenheid, maar alleen dat wat schijnbaar gebeurt. Omdat het onkenbaar is, kun je het noemen zoals je wilt. Het blijft hoe dan onkenbaar.
Het schijnbare ik kan niet anders dan alles echt vinden. Dat is de realiteit die
het kent en waar het in zoekt. Het zoekt iets wat het kan vinden, weten of
hebben, en waar het vertrouwen in heeft. Bv. een absolute eenheid, een
absoluut weten, een duurzame staat van gelijkmoedigheid en vreugde.
Die bestaan echter allemaal niet, en hun tegendeel natuurlijk ook niet. Het
relatieve, het ontoereikende en het onbestendige bestaan ook niet. Het
enige wat bestaat, is dat wat schijnbaar gebeurt. En dat is 'het'. Of:
het
schijnbaar relatieve is absoluut alles! Dat is het wonder. Er bestaat helemaal
niks anders. Deze totaliteit is vreugde!

V: Oh ja, deze vreugde wil ik ook.

A: Die kun je niet krijgen. Ze is onkenbaar omdat het geen ervaring is.

V: *Maar als ik het niet ervaren kan, wat heb ik er dan aan?*

A: Niets natuurlijk. Het schijnbare ik zoekt binnen zijn ervaring naar persoonlijke vervulling. Dat is het enige wat het kan, want ervaren is alles
wat het heeft. Het leeft alleen maar in persoonlijk ervaren. Daarom ervaart
het ook maar een deel van het geheel, namelijk dat wat het ervaart. Binnen
dit deel zoekt het naar het absolute. Het dilemma is dat dit deel niet bestaat als deel. Het schijnbare ervaren is niet afgescheiden. Het hele mechanisme 'ik ervaar iets' is verbeelding, en daarmee alles wat in deze schijnbare wereld van ervaringen gebeurt.

V: *Oh, oh, hoe kom ik daar ooit uit?*

A: Je zit er helemaal niet in! Het is de illusie van het schijnbare ik, in deze illusie
te zitten en daaruit te kunnen ontwaken.

V: *Ik kan helemaal niet ontwaken?*

A: Nee, dat kun je niet. Wie zou moeten ontwaken? En vooral: waartoe? 'Ik ben' zou graag uit zijn slijmerige, menselijke, relatieve leven willen
ontwaken in het absolute, pure, goddelijke. Het wil graag uit zijn ervaring
ontwaken in een betere, hogere ervaring. Dat kan wel zo lijken, maar het blijft altijd binnen de ervaring van 'ik ben' en daarmee onmogelijk. Dat het 'ik ben'
bestaat en alleen maar ervaart, laat dat wat schijnbaar gebeurt in zijn ervaring als ontoereikend verschijnen, terwijl het vermoeden er is dat

het absolute daarachter ligt. Dat is de droom. Enkel te ervaren is de kunstmatige realiteit – een realiteit die gelukkig zelf niet echt is.

V: *Hoezo gelukkig?*

A: Als het echt zou zijn, zou dat de hel betekenen. Als scheiding echt zou zijn, zou hij echt zijn. Maar zo wordt hij alleen als echt ervaren, zonder het echt te zijn. (lacht)

V: *Nou, een mooie ben jij. Voor mij is het absoluut echt.*

A: Ja, dat is zo. Voor 'ik ben' is 'ik ben' absoluut echt.

V: *Dit 'onwerkelijke' is een zwakke troost.*

A: Het is helemaal geen troost. 'Ik ben' heeft geen toegang tot 'onwerkelijk'.
Die zal het ook nooit krijgen. Het enige wat het kent, is dat het ontoegankelijk is.

V: *Jij helpt echt niet.*

A: Nee, natuurlijk niet. Wie zou er geholpen moeten worden?

V: *Nou, ik natuurlijk!*

A: Maar er is niemand. Dit hele mechanisme is denkbeeldig. Niemand wordt één, want niemand is verdeeld.

V: *Ja, maar niet voor mij. (lacht)*

A: Ja, natuurlijk. Ook dat is wat schijnbaar gebeurt. (lacht ook)

Bewust/onbewust

V: *Andreas, soms zeg je dat bevrijding eerder het tegendeel van bewustzijn is.*
Gaat het er dan om onbewust te worden?

A: Ja en nee. Om te beginnen gaat het helemaal nergens om. Niemand kan 'bevrijd' worden, want er is niemand die al of niet bevrijd zou kunnen zijn. En ja, het is niet echt het tegendeel van bewustzijn, maar meer voorbij bewustzijn – voorbij het spel van bewust en onbewust.

V: *Voorbij?*

A: Nou ja, schijnbaar voorbij. Bewustzijn is denkbeeldig, dus is een meer
bewust bewustzijn ook denkbeeldig. Het heeft in dit verband geen betekenis.
Bevrijding is het einde van de illusie van bewustzijn als werkelijkheid. Maar ook dat is een verhaal, want bewustzijn noch de illusie van bewustzijn waren ooit echt.

V: *Nu begrijp ik er helemaal niets meer van.*

A: Geeft niets.

V: *Maar intussen had ik ergens de indruk meer onbewust te worden.*

A: Ja, zo kan het voelen. Als het schijnbare ik, dat zichzelf alleen als bewust kan ervaren, oplost, kan dat aanvoelen alsof je meer onbewust wordt. Maar aan het eind van 'ik ben' is er in feite niemand onbewust. Het is gewoon het einde van bewustzijn als echte realiteit, als iets wat echt is.

V: *En?*

A: Geen 'en'. Het is niet belangrijk – alles valt gewoon meer op zijn juiste plaats. Tenminste, schijnbaar, want alles was altijd 'goed'.

Vrede

V: Ik zou graag eindelijk rust vinden.

A: Nou ja, wat je zoekt, is een vredige ervaring, beter gezegd een duurzame vredige ervaring. En die bestaat niet. Een vredige ervaring kan weliswaar verschijnen maar het heeft geen betekenis. Dat wat vrede zoekt, leeft in de illusie van onvrede. En dat wat in deze illusie leeft, is zelf niet echt. Vrede is de natuurlijke realiteit.

V: Maar deze vrede kan ik toch niet ervaren, of wel?

A: Klopt. Je kunt het niet ervaren omdat je niets anders bent. Zolang er iemand is die ervaart, zal er onvrede zijn.

V: Maar hoe kun je dat wat gebeurt, vrede noemen?

A: Omdat het absoluut in vrede is. Niemand kan het beïnvloeden, manipuleren of sturen. Het is absoluut vrij te zijn zoals het is. Dat is vrede. Maar zoals ik al zei: een vrede die er geen behoefte aan heeft, ervaren te worden. Een vrede die geen vrede nodig heeft, maar als vrede kan verschijnen. Het schijnbare ik zou graag zoetsappig in vrede willen baden, alsof het een ervaring is.

V: Wat is vrede dan?

A: Niet-iets. Uiteindelijk is het niet eens vrede.

V: Het schijnbare ik kan toch niets anders dan zoeken naar een ervaring.

A: Ja, natuurlijk. Ervaren is het enige wat het kent. 'Ik ervaar iets' is de droom.
Omdat over alles de sluier van het persoonlijke ervaren ligt, blijft het verborgen. 'Ik ben' ervaart nou eenmaal alleen maar; dat maakt het saai.

V: Kan het een onpersoonlijke ervaring bereiken?

A: Onpersoonlijke ervaring bestaat niet, of het zou bevrijding moeten zijn.

V: Wat is bevrijding dan?

A: Niets. Het bestaat niet. Het is het einde van dit energetische, mechanische patroon van 'ik ervaar iets' – een patroon dat nooit echt is geweest.

V: Soms voelt het als sterven.

A: Ja, vanuit het standpunt van het schijnbare ik is het dat ook. Pas in het sterven blijkt dat het niets is. Er leeft namelijk niets dat kan sterven.

V: Maar het is wel heel intens. Tenminste, soms. Dan voel ik doodsangst.

A: Ja, het kan heel intens zijn of nauwelijks merkbaar. Soms komt de dood op pantoffels. Hij sluipt dichterbij en voor je het weet is het voorbij.

V: Zo ging het toch bij jou?

A: Ja, ik ben heel zacht gestorven (lacht) Het kan zo gaan, of zo, en alles er tussen in. Zoals ik zei, aan het einde blijkt dat niets echt was en nooit gebeurd is.

wil zeggen dat er geen echte scheiding is, noch een echt samensmelten. Het verlangen, en de angst om te sterven, horen bij de droom. Er leeft niemand.

V: Dat klinkt wel heel sterk: "Er leeft niemand". Wat blijft er dan over?

A: Dat, wat is. Een wilde, onbekende volheid. Zowel leeg als vol. Een verzadiging die zichzelf niet ervaart. Het is dat, wat schijnbaar gebeurt.

Conditionering

A: Het schijnbare ik mislukt voortdurend in zijn pogingen het absolute te ervaren. Uit deze ervaring van proberen en mislukken ontstaat een gevoel van 'niet waardig zijn'. Wat rest is de indruk dat 'ik' het ofwel verkeerd doe, niet goed genoeg ben, of helemaal niet hard genoeg probeer. De conclusie die het schijnbare ik misschien trekt, is dat het iets te maken heeft met hemzelf, of zijn gedrag, zijn conditionering, zijn karakter of zijn persoonlijkheid. Er is de indruk dat 'ik' niet goed ben. Zo begint het werk aan de persoon. Als de ervaring 'iemand' te zijn, verdampt, blijft er een schijnbaar functionerend mens over, die is, zoals hij of zij is. Er blijft een schijnbare persoonlijkheid over, een schijnbaar karakter.
De verrassing is, dat dat ook klopt. Er is geen probleem met de conditionering, noch met de persoonlijkheid, wat eigenlijk hetzelfde is.

V: Bestaat de persoonlijkheid dan?

A: Nee, die bestaat niet. Andreas is dat, wat schijnbaar gebeurt. Er is geen echte persoonlijkheid 'Andreas'. Er is geen echt karakter 'Andreas'. Andreas is dat, wat schijnbaar gebeurt, al is het zonder iemand die ervaart. Er is niemand die zichzelf ervaart. Verandering

kan verschijnen, maar dat hoeft niet zo te zijn.
Er wordt geen rol gespeeld, nog afgezien van het feit dat er in ieder geval niemand is die dat zou kunnen doen of laten.

V: Werk jij aan jezelf?

A: Nee, wie zou dat moeten doen? Het idee van werken aan mezelf is totaal verdampt. Het verdampt samen met 'ik ben'. Overigens is er ook niemand die oefent in zelfingenomenheid. Wat is, is totaal zelfingenomen – het bevalt zichzelf zoals het is, maar schrikt ook niet terug voor (schijnbare) verandering.
Alles gebeurt zonder enig ingrijpen.

'Ik ben'

V: Sommigen zeggen: "Ik ben is puur gewaarzijn".

A: Ja, zo zou je het kunnen zeggen. Maar 'ik ben' is denkbeeldig, en gewaarzijn ook.

V: En als iemand zegt: "Gewaarzijn is alles"?

A: Dan zou ik dat niet zo zeggen – afhankelijk van wat eronder verstaan wordt.
Gewaarzijn is alles wat 'ik ben' kent. Het is namelijk zijn ervaring. Het is een ervaring van aanwezigheid – puur zijn, als het zonder geschiedenis en zonder bewustzijn is – en met een fijn gewaarzijn daarover. Het is heel onpersoonlijk.
Het kan nauwelijks nog 'ik' genoemd worden, maar dat is de eerste ervaring van afgescheiden zijn: het gewaarzijn dat er 'iets' is. Als dat steviger wordt, zou je het bewustzijn kunnen noemen. Dat is dan al een echt sappig 'ik ben'. Dat heeft nog steeds de krachtige smaak van existentiële vrijheid. Daarna wordt het amusement en het verhaal: 'ik ben' oud, hongerig, man of vrouw, arm of rijk, verlicht of

niet verlicht.

V: *Maar dat is dan toch 'droom', of niet?*

A: Ja, ze zijn alle drie droom. Alle drie zijn ze verbeelding: gewaarzijn, bewustzijn en bewustzijn met verhaal.

V: *Waarover heb jij het dan?*

A: Over het feit dat elke aanwezigheid denkbeeldig is. Natuurlijk zonder oorzaak, want het verandert niets. Het is al zo.

V: *En hoe zit het dan met spiritualiteit en al die tradities?*

A: Ze zijn een deel van de droom. Ze bewegen zich binnen deze schijnbare vormen van aanwezigheid. Er wordt dan gewerkt met methodes – mediteren, waarnemen, stil worden, je gedachten loslaten, de adem volgen – van één staat naar de volgende en weer terug. Van 'ik ben Andreas', naar het pure 'ik ben', en eventueel naar het pure gewaarzijn. Natuurlijk gaat het dan weer terug naar 'ik ben Andreas'. Dat is prima, maar totaal denkbeeldig. Dat is spiritualiteit – het bereiken van een staat binnen de ervaring van aanwezigheid. Dat deze aanwezigheid denkbeeldig is, blijft verborgen binnen deze ervaring.

V: *Waar praat je dan over?*

A: Waar ik over praat is afwezigheid. Deze afwezigheid is overigens niet het tegenovergestelde van aanwezigheid. Zoals ik al zei: aanwezigheid is denkbeeldig. Het bestaat alleen in de verbeelding. Ik praat niet over een staat van afwezigheid.

V: *Vanuit het standpunt van 'ik ben' kan het zo overkomen.*

A: Ja, vanuit het 'ik ben' is het einde van realiteit een stap naar afwezigheid.

V: Zou je kunnen zeggen dat waar jij over spreekt, voorbij het gewaarzijn ligt?

A: Ja, als verhaal zou je dat zo kunnen zeggen. Bevrijding zou de stap kunnen zijn van gewaarzijn, dus van aanwezigheid, naar afwezigheid, dus naar het onbekende.

V: Waarom zeg je nu "als verhaal"?

A: Omdat er niemand is. Er is niemand die deze stap kan zetten. 'Ik ben' zou het voor geen goud doen, want het zou zijn dood worden. Tegelijkertijd is dat nu natuurlijk juist de droom: dat 'ik ben' en dat er een stap is. Dat 'ik' aanwezig ben en afwezig zou kunnen zijn, is de droom. Jij bestaat nu al niet als zelfstandige werkelijkheid. En toch: waar hier over gepraat wordt, is het schijnbare einde van deze schijnbare aanwezigheid.

V: Wat blijft er dan nog over?

A: 'Het' blijft over. Niet-iets, dat verschijnt als dat, wat schijnbaar gebeurt – onkenbaar, niet te weten, niet te ervaren. Het is totaal onbekend en tegelijkertijd is het niets en alles. Het is de natuurlijke realiteit.

Verwoestend

V: Wat jij zegt is echt verwoestend. 'Ik' zal 'het' nooit bereiken.

A: Ja, absoluut. Je grootste hoop, je grootste verlangen – eindelijk één te worden en dat te kunnen ervaren – zal niet vervuld worden. Alles waarvoor je je ooit zo hebt ingespannen, heeft niet gebracht wat je ervan gehoopt had: persoonlijke vervulling. Al je inspanningen waren voor niks. Vanuit de optiek van het schijnbare ik is dat echt ontmoedigend.

V: Tja...

A: Ja, 'tja'.... Het goede nieuws is, dat er helemaal niets te bereiken valt. Er hoeft helemaal niets gevonden te worden. 'Ik heb verloren' is de droom.

Bevrijdend

V: *Andreas, het voelt zo bevrijdend, hier te zitten.*

A: Het is bevrijdend. Voor niemand, overigens.

V: *Maar zo voelt het.*

A: Het is bevrijdend, zoals gezegd. Al die last, al dat drama van het afgescheiden zijn – 'ik ben', en 'ik moet vinden', zijn denkbeeldig. Het heeft geen enkele realiteit. Deze zoektocht, inclusief de zoeker, is niet echt, beter gezegd, bestaat gewoon niet. Dat is de vrijheid.

V: *Weliswaar voor niemand.*

A: Ja, voor niemand. Zolang er 'iemand' is, leeft die schijnbare iemand in de veronderstelling, dat het bij vrijheid om een ervaring van vrijheid gaat. Dat is wat het schijnbare ik kent. Het ervaart nu en dan vrijheid, of het gevoel van vrijheid komt af en toe terug. Dat is echter de droom. Ja, er is vrijheid, maar voor degene die dat ervaart, is dat altijd kortstondig en hij/zij ervaart dat alleen maar als deel van de weg naar de duurzame ervaring van vrijheid.

V: *Ik kom er dus helemaal niet dichterbij?*

A: Nee, dat doe je niet. Degene die ervaart dat hij dichterbij komt, is enkel degene die schijnbaar afgescheiden is. Om het even, hoe dichtbij 'je' schijnbaar bent, 'jij' kunt jezelf alleen als afgescheiden ervaren...

V: ...zonder het te zijn?

A: Natuurlijk, zonder het te zijn. Afgescheiden zijn bestaat niet. Dat 'jij' bent, is de droom.

Een gebeurtenis

V: *Je zegt dus, dat dit alles hier een gebeurtenis is. Dan is het toch heel eenvoudig: alles gebeurt gewoon.*

A: Ja, zo zeg ik het natuurlijk min of meer; het gaat overigens niet om een echte gebeurtenis. Dit hier – dit gesprek – is niet iets wat echt gebeurt.
Nog beter gezegd: er is niets dat echt gebeurt. Daarom zou ik dat, wat is, ook geen gebeurtenis noemen.

V: *Hoe noem je het dan?*

A: Ik vind niet-iets heel goed, want het is niet iets in de ware zin van het woord.

V: *Speelt het dan in feite een rol?*

A: Nee, natuurlijk niet. Wat is, is onkenbaar en onbenoembaar, juist omdat het geen object is. Er bestaat geen ding dat echtheid, bewustzijn of God heet. Dit gesprek, jij, ik, mijn gedachten, jouw gedachten, de kamer – is dat wat schijnbaar gebeurt. Dat is alles. Dat is 'niet-iets', dat verschijnt als dat, wat verschijnt'. Dit gesprek is zowel niets, als ook iets.

V: *Jeetje, dat is echt niet te begrijpen.*

A: Ja, wat dit gesprek werkelijk is, is niet te begrijpen.

V: *Is niet-iets dan echt?*

A: Het ligt voorbij zijn of niet-zijn. Dit gesprek gaat voorbij zijn en niet-zijn. Of je zegt: het is reëel en niet reëel. Als je zegt dat niet-iets echt is, maak je het tot object. Dat is het niet. Zeg je, dat niet-iets niet bestaat, dan ontken je 'het'.
Dat, wat gebeurt laat zich niet ontkennen. De echtheid ervan kan overigens wel ontkend worden.

V: *Maar dat zijn toch alleen maar woordspelletjes, of niet?*

A: 'Ontkennen' klinkt misschien een beetje gek, of intellectueel; overigens verdampt samen met het beleven van 'ik ben', het hele mechanisme van 'ik ervaar iets'. Vanaf dat moment is dat, wat schijnbaar gebeurt, niet meer enkel echt. Natuurlijk was het nooit alleen maar echt, alleen leek het dat in de ervaring wel. En dat is nou precies de droom: dat 'ik' echt ben en dat wat ik ervaar ook echt is.

V: *Als dat wat verschijn niet echt is, wat is dan wel echt?*

A: Er bestaat niets dat echt is. Er is alleen dat, wat is – niet iets. 'Niet-iets', dat verschijnt als dit gesprek. Dat is 'het', zonder een 'het' te zijn. Daar staat niet iets wat echt is tegenover.

V: *Maar wat is dan de illusie?*

A: Er is geen illusie. Dit gesprek is geen illusie, in de zin dat er nog iets anders, iets echts onder ligt, bijvoorbeeld een ander, absoluut niveau. Als beschrijving zou je kunnen zeggen dat het illusionair is. Maar dit gesprek voeren is alles. Het is niet-iets – tijdloos, zonder ruimte of betekenis en toch vrij en voldaan. Zonder doel en zonder richting is dat, wat schijnbaar gebeurt, zoals het is, volkomen zo, zoals het schijnbaar is.

In aanwezigheid

V: Ik vind het absoluut verbazingwekkend dat er geen brug is. Het zijn gewoon twee werelden. Die, waarover jij praat, en het 'ik ben'. Er is gewoon geen verbinding.

A: Ja, absoluut. 'Ik ben' vindt plaats in aanwezigheid en realiteit; bevrijding vindt plaats als dat eindigt. Er is geen brug. Deze twee werelden zullen elkaar nooit ontmoeten. 'Ik ben' zal nooit één worden – simpelweg omdat het nooit gescheiden is. Het probeert een afstand te overbruggen die helemaal niet bestaat. Het probeert het onmogelijke en moet falen. En toch bestaat het 'ik ben' alleen maar uit het zichzelf als aanwezig ervaren. Het heeft geen toegang tot het feit dat deze aanwezigheid denkbeeldig is.

V: Aanwezigheid zelf is dus ook verbeelding.

A: Ja, dat 'het' bestaat is de droom. Aanwezigheid is de droom. Er is geen schepping; niets dat echt bestaat. Het ervaren van aanwezigheid is al afgescheidenheid. Gewaarzijn, bewustzijn, is al afgescheidenheid – natuurlijk schijnbaar. Waar één is, is er een tweede. 'Wat is', is niet één, het is geen.

Kijken

V: Andreas, wat zie jij, als je de wereld inkijkt?

A: Wat ik zie? Nou ja, om iets te zien zou er eerst iemand moeten zijn die ziet, maar die is er al niet.

V: Wat, jij ziet niet?

A: Nee, ik kijk al helemaal niet, dat wil zeggen er is nou eenmaal niemand die kijkt. Er is hier geen centrum, niets, van waaruit geleefd wordt. Niets, dat zichzelf ervaart als lichaam dat zit en naar buiten kijkt. Dat is bevrijding.

V: Dat kan ik niet begrijpen.

A: Ja, dat klopt. 'Ik ben' kan dat niet begrijpen. Het beleeft zichzelf nu eenmaal als een echte entiteit, dat door zijn ogen naar buiten kijkt. Het leeft in een subject-object- realiteit, waarin het zelf het subject is en alles wat dit lichaam ervaart zijn objecten.

V: Ja, dat is wat ik ervaar.

A: Ja, ogenschijnlijk. Natuurlijk bestaat er geen echt subject, noch echte objecten.

V: Oh ja, dat is een theorie uit de psychologie of de sociologie geloof ik. Daar wordt gesproken over een ik-constructie.

A: Ja, zo zou je het kunnen noemen, ook al is 'ik ben' geen constructie, geen mentaal iets, maar een ervaring. 'Ik ben' is een energetisch mechanisme.

Geen stof

A: Er is alleen dat, wat gebeurt. Dat daaraan gewerkt moet worden, dat er een onzuiverheid is die weggewerkt moet worden, is de droom. Er zit geen stof op de spiegel. De dood van 'ik ben' is de dood van de criticus, is de dood van degene die twijfelt, zoekt en nooit vindt – de dood van een nachtmerrie die nooit bestond. Deze opgeluchte ademhaling is eigenlijk een uitademing: de laatste uitademing, als het leven jou uitademt. Dat is bevrijding: de dood van de schijnbaar levende. Tot dat moment is alles mogelijk. Strijd, weerstand, acceptatie, relatieve rust; maar de laatste uitademing is altijd ontspannen – zowel in de fysieke dood als in bevrijding. In het einde dooft de droom van de eigen aanwezigheid. Wat een vrijheid! In de dood wordt geopenbaard, wat nooit verborgen was: 'ik ben' was een droom, de zoektocht denkbeeldig. Er is nooit iets gebeurd. Er ging nooit iets verloren.

V: Is dat ook de ervaring in het fysieke sterven?

A: Ik weet het niet of het altijd zo is, maar ik ga er wel van uit. Een kort opflitsen, een moment van opmerken, tijdens het uitdoven van de droom, dat niets meer in een verhaal verwerkt kan worden. Een direct inzicht. Daarna: niemand. Het onbekende.

Zorgen

V: Andreas, ik ben momenteel heel ongelukkig. Ik denk veel na. Ik sterf nog een keer aan deze eeuwige zorgen . Wat moet ik toch doen?

A: Laat je toch doden.

V: Nee, zo bedoel ik het niet.

A: Maar ik dacht dat je wou sterven. Dat zei je tenminste.

V: Ja, ik wou dat mijn 'ik' sterft.

A: Maar daarover gaat het toch juist.

V: Weet je, het is zo vreselijk.

A: En?

V: *Ik wil me niet zo voelen. Hoe ga jij om met gevoelens?*

A: Ik ga er niet mee om. Gevoelens zijn geen probleem; ze zijn eenheid zelf. Net zoals gedachten en psychologische functies. Vanuit het standpunt van het ik zijn dat afgescheiden dingen, die potentieel gevaar opleveren.

V: *Wat brengen ze dan in gevaar?*

A: Het persoonlijke geluk. De ervaring van gelukkig-zijn wordt bedreigd door gevoelens. En omdat gevoelens worden ervaren als afgescheiden, moet het schijnbare ik ermee omgaan. Uit het oogpunt van het schijnbare ik zijn ze iets anders dan 'ik', iets vreemds. Als zogenaamde slechte gevoelens zijn ze vijandig.

V: *Maar ik ben bang er in te verdrinken.*

A: Ja, - het schijnbare ik is bang te verdrinken in de intensiteit van de gevoelens – en tenslotte ook in de intensiteit en de totaliteit van het leven. Daarom slaat het liever noch een beetje om zich heen en houdt zo – schijnbaar - zijn hoofd boven water. Het overleeft vechtend. Natuurlijk schijnbaar.

V: *Zou jij dan aanraden helemaal het gevoel in te gaan?*

A: Nou ja, dat schijnt meer te helpen dan ertegen te vechten. Overigens is ook daar niemand die dat kan doen. Aan het einde van 'ik ben' verdampt die gewoonte, gevoelens te onderdrukken of ertegen te vechten. Overigens komt het 'invoelen' uit de ervaring van scheiding. Het roept een gevoel van vrede op, zoals elke methode – het onprettige gevoel lijkt in het bewuste voelen op te lossen, en een soort stille vrede kan verschijnen. Sommigen zeggen dan: "Jij bent deze stille vrede". Maar uiteindelijk gaat het hier toch om een vredige ervaring , die ook weer eindigt. Omdat het schijnbare ik denkt, dat het dit gevoel van welbehagen persoonlijk heeft opgeroepen, wordt deze stille ervaring tot nieuw doel uitgeroepen en het invoelen tot nieuwe methode. Dat is niet verkeerd, maar het blijft bij het ervaren van scheiding.

V: Is dan alles wat ik doe zinloos?

A: De droom is dat jij speciaal bent. Alles wat te maken heeft met persoonlijke vervulling, wat trouwens de basis is voor elke persoonlijke motivatie, is zinloos. Het schijnbare ik zoekt geen stilte ter wille van de stilte, maar om het te ervaren en zo een betere ervaring te hebben. Het enige wat het schijnbare ik wil, is iets bereiken en het gelooft dat het dat kan door te doen of denken. Het vermoedt dat elk schijnbaar doel een bijdrage kan leveren aan zijn vervulling. Dat is de droom. Jij doet helemaal niks. Je bent niet eens dat, wat je denkt te zijn.

V: Hm.

A: Het schijnbare ik leeft in een constant : "Dat kan het nog niet zijn". Zo beschouwd weigert het elk moment als dat, wat het is: kloppend, absoluut kloppend. Maar voor het schijnbare ik is het: "Er ontbreekt nog iets".

V: Je zei net dat het ik de strijd overleeft.

A: Ja, dat klopt. 'Ik ben' schijnt te overleven in actief zijn, schijnbaar werken aan zijn doel en schijnbaar ervaren van zijn resultaten. Het bevestigt zichzelf praktisch voortdurend en in zijn hele zijn. Het heeft geen toegang tot het feit dat het zelf, zijn werk, en zijn mislukkingen denkbeeldig en overbodig zijn. Het draait voortdurend rond in de kringetjes van zijn eigen, onwerkelijke wereld. Het draait voortdurend om zichzelf heen, dus om iets dat helemaal niet bestaat.

V: Dat is echt absurd. Zo ziet mijn leven er ongeveer uit.

A: Ja, zo leeft 'ik ben'. Zijn hele leven lang. Werken tot aan het eind.

V: *Papaji dacht: "Bewustzijn tot aan de laatste ademteug".*

A: Ik heb geen idee wat hij daarmee bedoelde. Bewustzijn gebeurt schijnbaar – en toch is het denkbeeldig. Dat 'ik' bewust moet doen, is de droom. Dat 'ik' bewust moet begrijpen, ervaren, waarnemen, opletten, is de droom. 'Ik ben' is de droom. In zoverre is dat in totale tegenspraak met wat hier gezegd wordt.

V: *Als je zegt: "Zo leeft 'ik ben' nou eenmaal", dan heeft het toch geen keus, of wel?*

A: Dat is natuurlijk een verhaal. 'Ik ben' heeft geen eigen leven. Het is eenheid, dat verschijnt als het ervaren van 'ik ben'.

Moeiteloos

V: *Andreas, je hoort vaak dat we ons steeds weer moeten herinneren wat onze ware natuur is. Oppassen dat je niet van het pad afdwaalt enz. Hoe is dat bij jou?*

A: Deze ideeën komen voort uit persoonlijk ervaren. Het is het schijnbare ik dat zichzelf ervaart als afgescheiden.

V: *Het klinkt vaak zo inspannend. Doe jij niets om 'hier' te blijven?*

A: Nee, want hier is niemand. Het is totaal moeiteloos. Het is geen persoonlijke ontspanning, geen staat van ontspanning. 'Wat schijnbaar gebeurt', gebeurt volkomen moeiteloos. Niemand maakt het, niemand zorgt ervoor, en niemand houdt het in stand. 'Wat is' heeft geen inspanning nodig om te zijn wàt het is en zoals het is. Het verschijnt ook moeiteloos als ingespannen werken. Het heeft nou eenmaal geen grenzen gekregen. (lacht)

V: *Waar komen dan al die ideeën vandaan?*

A: Ze komen uit persoonlijke ervaring. De persoon ervaart zichzelf als iemand op een pad – en omdat hij voortdurend faalt in het bereiken of het in stand houden van de perfecte ervaring, heeft hij de indruk dat hij moet leren voortdurend waakzaam te zijn, of niet van het pad af te raken. 'Ik ben' is het 'van het pad afraken' - niet echt natuurlijk, maar de ervaring 'niet heel te zijn', is deel van de ervaring 'iemand' te zijn, inclusief de veronderstelling, dat het onvervuld zijn door persoonlijke inzet kan afnemen of oplossen.

Neuroses

V: *Ben je nu gelukkiger?*

A: Gelukkiger – weet ik niet. Ik ben geluk zelf, maar dat betekent niet een dwingende ervaring van geluk. Maar waarschijnlijk wel minder neurotisch.

V: *Minder neurotisch?*

A: Ja, handelen (of niet-handelen) houdt geen verband met het zoeken naar vervulling. Ook Andreas hoeft niet beter te worden, zodat ik de absolute ervaring bereik. Daarmee verdampt elke mogelijke neurose rondom de persoon. Niet allemaal, maar voor mij waren het er wel een aantal.

V: *Dat is dan toch een voordeel.*

A: Ja en nee; als iemand het zou ervaren, zou het waar zijn, maar zo is het gewoon dat, wat schijnbaar gebeurt.

Niets doen

V: *Andreas, ik vind het zo ontmoedigend dat ik niets kan doen.*

A: Ja, dat geloof ik. Maar dat is overigens niet wat hier gezegd wordt. Er is niemand die iets kan doen of laten, dat wil zeggen: doen en laten verschijnen. Voor bevrijding hebben ze overigens geen enkele relevantie, want ze zijn al vrijheid.

V: *Ik voel me daarin zo hulpeloos..*

A: 'Ik ben' is hulpeloos. Het faalt in het zoeken naar eenheid. Omdat dit zoeken, inclusief de wanhoop, denkbeeldig is, is hulp overbodig. "Ik ben hulpeloos en heb hulp nodig", is de droom. Hulp verschijnt – of niet. 'Om-hulp-vragen' verschijnt – of niet. Het speelt geen rol. Er is niemand die zich druk maakt over wat jij doet of niet doet. Er is niemand die aan jou iets aan te merken zou hebben. Er is niemand.

V: *Maar hoe werkt dat met het 'ik kan niet', waar ik al zo lang last van heb?*

A: 'Ik kan niet' is de andere kant van 'ik kan'. Beiden maken deel uit van de ervaring 'ik ben', dat zichzelf als dader kan ervaren en ook als slachtoffer. 'Ik ben' ervaart zichzelf als slachtoffer van de omstandigheden, maar denkt er toch tot op zekere hoogte invloed op te hebben, c.q. binnen de omstandigheden eraan te kunnen werken. Dat hele mechanisme is volledig denkbeeldig. Er is geen centrum. Daarom is 'ik kan niet' een verhaal, net als 'ik kan'. Er is niemand die iets doet, noch een slachtoffer.

V: *Maar hebben allebei die rollen niet een enorme betekenis in spiritualiteit?*

A: Ja, volgens spirituele overtuiging krijgt het schijnbare ik de raad het absolute slachtoffer, ofwel de absolute ervarende of waarnemer te worden, of te leren de absolute doener te zijn.

Het eerste komt neer op de overtuiging 'alles maar te laten gebeuren'. Meestal gaat dat zo lang goed, als het ook enigszins goed gaat. Als het slecht gaat, wordt er ingegrepen, wat voor het schijnbare ik betekent 'ik heb ingegrepen' – waarmee zijn overtuiging faalt.
Het beeld van de absolute doener is het beeld van de schepper: "Ik ben de schepper van mijn realiteit". 'Ik ben' ervaart zichzelf graag als doener, overigens ook alleen maar zolang het schijnbaar goed gaat. Als het slecht gaat, betekent dat voor het schijnbare ik namelijk "ik heb gefaald", en zo mislukt hij aan zijn handicap, dat wil zeggen zijn overtuiging. Het is allemaal verbeelding. Er is geen echt 'ik ben', dat bewust kan beslissen. Er is niemand. Er is geen slachtoffer, noch iemand die ervaart. Niemand kan en moet absoluut 'laten gebeuren' – ook als 'ik ben' in die denkbeeldige fase zit; wat dan overigens ook dat is, wat schijnbaar gebeurt. Niemand kan en moet zijn realiteit scheppen. Er is namelijk niemand, noch zijn realiteit.

Waar zelf

V: Spreek je altijd tegen je ware zelf?

A: Zo zou je het misschien kunnen zeggen. Overigens bestaat er geen waar zelf. Er is helemaal geen zelf, geen diep wezenlijke kern. Het ware zelf is niet te vinden, want het bestaat niet. Er is gewoon niets, dat als waar bestaat en gevonden zou kunnen worden. Om te vinden heb je nou eenmaal een ware vinder nodig en iets dat echt gevonden kan worden. Beiden bestaan echter niet.

V: Hoe zou je het dan beschrijven?

A: Spreken verschijnt en horen verschijnt. 'Beiden' is dat, wat schijnbaar gebeurt. Het spreken heeft geen gehoord-worden nodig en het horen geen begrepen-worden. Dat is het wonder.

V: Maar gehoord –worden en begrijpen verschijnen toch ook?

A: Ja, zeker, maar het zijn geen realiteiten die andere realiteiten perfectioneren.

Uitstappen

V: Ik zou zo graag stoppen met zoeken.

A: Maar er is niemand. Er is niemand – geen zelfstandige entiteit die zoiets zou kunnen doen. Dat jij jezelf ervaart, is dat wat schijnbaar gebeurt. Waar wil je dan naar toe?

V: Weet ik niet – misschien naar verlichting?

A: Nou ja, waarschijnlijk wel. (lacht)
Het schijnbare ik ervaart dat, wat schijnbaar gebeurt, in verdeeldheid en daardoor als onbevredigend. En zo leeft het in de droom te kunnen ontwaken in het tweede, bijvoorbeeld in het volgende moment, of in een verlicht bewustzijn. Maar er is niets.

V: Ja, ik wil hieruit heel graag wakker worden.

A: Ja, in iets wat helemaal niet bestaat. Wat gebeurt, is alles.

V: Maar dat vind ik wel heel weinig.

A: Ja, in de ervaring van het schijnbare ik is het te weinig. Voor het schijnbare ik is dat geen verkeerd idee of conditionering. Het wordt als onvoldoende ervaren, simpelweg omdat het enkel ervaart. Eigenlijk ervaart het iets, een deel, dat als zodanig helemaal niet bestaat. En het ervaart vanuit een centrum dat niet bestaat.

V: Ik wil eruit.

A: Je zit er helemaal niet in.

V: *Wat is dan de uitweg?*

A: Die is er niet

Bewustzijn

A: Bewustzijn is de droom. 'Ik ben' is zich zowel bewust van zichzelf, als van de schijnbaar afgescheiden buitenwereld als een op zichzelf staand gegeven. Zo is bewustzijn het energetische mechanisme van afgescheidenheid. Dat is de subject-object-realiteit, die energetisch als echt ervaren wordt.

V: *"Alles wat verschijnt, verschijnt in het bewustzijn", zeggen sommige spirituele leraren.*

A: Natuurlijk zou je dat zo kunnen zeggen, maar het beschrijft in feite alleen de persoonlijke ervaring: "Voor mij gebeurt alleen dat, wat ik ervaar. Alles wat gebeurt, gebeurt in het bewustzijn".

V: *Sommigen zeggen dan ook dat bewustzijn de enige constante is, terwijl dat wat verschijnt, voortdurend verandert.*

A: Ook dat beschrijft enkel de persoonlijke ervaring: "Hier ben ik", als reëel bestaand gegeven, en: "Daar is dat, wat ik ervaar", als dat, wat voortdurend verandert. Zoals gezegd: bewustzijn is denkbeeldig. Bewustzijn als reëel gegeven bestaat niet – in de droom van 'ik ben' is het echter alles. In de droom van 'ik ben' ben ikzelf het enige, zogenaamd het uitgangspunt van bewustzijn, en dat, waarvan ik mij bewust ben. Alles wat daaraan voorbij ligt, bestaat niet voor het schijnbare ik. Dat wat bewustzijn is, wordt door het bewustzijn niet ervaren.

V: *Daar voelen veel mensen zich beslist door aangevallen.*

A: Ja, dat kan. Spirituele leraren spelen binnen het patroon van bewustzijn. Vanuit het 'ik ben' is het alles wat het heeft: bewustzijn over zijn bestaan, oftewel, het is zich bewust van een bestaan, van iets dat bestaat. Meer is het niet. Omdat bijna iedereen zichzelf ervaart als 'iemand', zit het grootste aanbod – inclusief spiritualiteit – binnen het mechanisme van bewustzijn.

V: *Soms zeg je 'bewustzijn', soms 'gewaarzijn'. Gebruik je die woorden synoniem?*

A: Ja en nee. Bewustzijn en gewaarzijn zijn scheiding. Schijnbaar natuurlijk. Gewaarzijn lijkt mij iets verfijnder en onpersoonlijker te zijn. Terwijl bewustzijn als relatief persoonlijk ervaren wordt, blijft gewaarzijn heel onpersoonlijk. Het is de zuiverste vorm van ervaren – en wordt om die reden door sommigen onderwezen als grootste doel. Maar ook daar is de ervaring die van afgescheiden zijn. Het is geen persoonlijk verhaal en kan daarom heel bevrijdend werken. Zoals gezegd, het is pure aanwezigheid, een gevoel van pure aanwezigheid. Overigens wordt het ervaren als 'hier', dus als het centrum. Deze aanwezigheid, dit eerste 'hier-zijn', is al verdeeldheid. Onpersoonlijk gewaarzijn in eindeloze ruimte.

V: Je hoort heel vaak: "Jij bent dit gewaarzijn".

A: Ja, en dat je daar via aandacht steeds weer naar terug moet en kunt, als je teveel stress hebt in je leven. Dat is een betrouwbare persoonlijke leer, die iemand die niet bestaat aanspreekt, om iets te bereiken dat ook niet bestaat. Gewaarzijn heeft geen eigen realiteit, en degene die ernaar terug moet keren, is de droom.

V: *Ja, dat heb ik jarenlang beoefend.*

A: Het is een van de meest gangbare methodes: je kunt door

aandacht je focus van het relatieve op het absolute richten, van gedachten naar gevoelens, van het verhaal terug naar gewaarzijn. Omdat het steeds weer terug gaat van het absolute naar het relatieve, van het gevoel naar het denken, van gewaarzijn naar verstrooidheid, blijft het een kringloop zonder einde. Er bestaat nu eenmaal niet iets dat absoluut is, dat begrensd wordt door iets dat relatief is, noch puur gewaarzijn, begrensd door het persoonlijke ervaren in het verhaal. Beide blijven ervaringen binnen de schijnbaar afgescheiden ervaring. Beide blijven onbevredigend en vragen om iemand die voortdurend aan het werk is. Dat is wat spiritualiteit is.

Afwezigheid

A: Eén ding kan het schijnbare ik zich niet voorstellen: afwezigheid. Het enige wat het kent, is aanwezigheid. Het bestaat enkel uit schijnbaar aanwezig zijn, c.q. zichzelf ervaren als reële aanwezigheid. Uit deze aanwezigheid wordt het verhaal opgebouwd, heel de kunstmatige werkelijkheid van het ervaren. Er is tijd en ruimte, zin en betekenis, oorzaak en gevolg, het ervaren van een weg en het idee van een doel. Binnen deze grenzen zijn er nauwelijks grenzen aan de kracht van het voorstellingsvermogen. Maar afwezigheid kan het schijnbare ik zich onmogelijk voorstellen. Het weet niet hoe het is, om niet te zijn, want zijn hele leven was het er al – schijnbaar. Het heeft geen toegang tot het feit dat deze aanwezigheid niet echt is, noch dat die niet voortduurt.

V: Bestaat het 'ik' dan niet ononderbroken?

A: Continuïteit hoort bij de ervaring 'iemand' te zijn. Zodra 'ik ben' verschijnt, verschijnt ook de ervaring 'altijd', ofwel sinds de geboorte aanwezig te zijn. Ook deze ervaring is heel direct. Nou ja, eigenlijk tijdloos. Er bestaat geen 'ik', noch een schijnbaar ik, dat als werkelijkheid bestaat.

V: *Bestaat het verbonden ik dan?*

A: Zo zou ik het niet zeggen. Samen met het 'ik ben', verdampt het mechanisme 'ik beleef iets'. Dan blijft er ook niets over wat verbonden is.
Als iets verbonden is, is het nog steeds afgescheiden. Het ervaren van scheiding lost op, maar dat wordt niet vervangen door een ervaring van verbinding.
'Ik ben' wordt zonder vervanging doorgestreept.

Acceptatie

V: *Je zou dat, waarover jij spreekt, ook totale acceptatie kunnen noemen.*

A: Ja, ergens is dat zo, maar voor niemand. De ervaring van scheiding wordt niet vervangen door een ervaring van verbondenheid – en zo wordt het beleven van weerstand niet vervangen door een ervaring van acceptatie. Wat is, heeft geen behoefte aan acceptatie, om te zijn wat, en zoals het is. Natuurlijk zou je dat acceptatie kunnen noemen.

Relaties

V: *Hoe zit het met relaties? Hoe werkt dat, als er niemand is?*

A: Het werkt niet.

V: *Wat bedoel je met: "het werkt niet"?*

A: Relaties bestaan niet. Relatie hoort bij de droom van 'ik ben'. Daar ben 'ik' een zelfstandige entiteit, die een relatie kan aangaan met een andere, afgescheiden entiteit. Dat is verdeeldheid. Als er niemand is, is dit hele energetische patroon er niet. Wat blijft, is dat wat schijnbaar gebeurt. En dat kunnen twee mensen zijn, die een schijnbare relatie met elkaar hebben.

V: *Maar jij functioneert toch prima?*

A: Dat is de droom. Ja, Andreas schijnt te functioneren, maar eigenlijk is dat een puur mirakel. Het is eenheid, dat verschijnt als een min of meer goed functionerende Andreas. Een echte Andreas bestaat niet, noch een echt functioneren – het is dat wat schijnbaar gebeurt, zonder reden overigens.

V: *Dat is echt te gek.*

A: Ja, een wonder.

Geen ervaren

V: *Kort geleden las ik bij een spirituele leraar dat hij niemand kent die niet meer ervaart, en dat hij niet gelooft dat het mogelijk is of iets is om na te streven.*

A: Ja, dat is zelfs heel waarschijnlijk – er zijn er nu eenmaal niet zo veel. En degenen die er niet meer zijn, zullen waarschijnlijk ook niet bij hem op bezoek gaan. Veel mensen kunnen zich het einde van 'ik ben' simpelweg niet voorstellen, ook zogenaamde schijnbare leraren niet. Het is natuurlijk ook denkbaar, dat hij niet precies weet wat ermee bedoeld wordt.

V: *Maar hij zegt ook dat het 'ik' niet echt is.*

A: Ja, dat is goed mogelijk. Veel spirituele leraren zeggen dat. Waarschijnlijk hebben ze een of meer glimpen van bevrijding gehad.

Maar omdat er iemand is die om deze momenten heen danst, is het feitelijke einde onbekend. Het einde van 'ik ben' is natuurlijk niet iets om na te streven. Ook al is het bevrijdend, wie zou er moeten zijn om iets na te streven? Maar omdat het voor hem waardevol genoeg moest zijn om na te streven, neem ik aan dat hij spreekt over een toestand, een inzicht, iets dat hij schijnbaar had en op grond waarvan hij nu leraar is. Ik neem aan dat hij een weg en/of methodes onderwijst.

V: Ja, hij onderwijst zelfonderzoek.

A: Aha. Waarschijnlijk doet hij dat in de hoop en de veronderstelling dat jij ook kunt ontdekken wat hij ontdekt heeft - namelijk dat er niemand is, bijvoorbeeld.

V: Hm. Hoe kan dat samengaan?

A: In feite heel simpel. Iemand heeft een glimp van ontwaken, met inzicht in de denkbeeldige aard van 'ik ben', overleeft dat, en leeft dan verder met dit inzicht. Sommige dingen worden schijnbaar zelfs makkelijker – er lijkt nu een feitelijke toegang te zijn. Maar omdat die ook steeds weer verdwijnt, c.q. 'ik ben' verschijnt steeds weer, wordt er ook verder aan gewerkt – aan zelfonderzoek doen, aandacht oefenen, loslaten, en ik weet ik wat nog meer. Dat is niet verkeerd! Het is wat schijnbaar gebeurt. En toch is het een schijnbaar spel binnen de ervaring van afgescheidenheid. Deze boodschap is geen spirituele boodschap.

V: Zoveel mensen zeggen dat alles één is en dat er niemand is.

A: Ja, bijna iedereen die spiritualiteit en zelfs esoterie aanbiedt doet dat. De zin "Er is alleen eenheid" lees je overal, en dan volgt het grote 'maar'. Dat is juist wat het spannend maakt: deze boodschap is de kern van alle spirituele en esoterische tradities, maar zolang er iemand omheen danst, wordt het een religie, een leer, een concept, iets persoonlijks. Eenheid wordt iets, wat nog niet is, maar door iemand bereikt kan worden. Het mengsel inzicht en persoon schept spiritualiteit. Omdat veel mensen één of meer korte momenten van ontwaken hadden, echter maar weinigen inderdaad opgelost zijn, zijn er krankzinnig veel boeken over spiritualiteit en relatief weinig over deze boodschap. Ze zijn er, maar niet zoveel als de persoonlijke boodschappen. Maar zoals gezegd, deze boodschap schijnt de kern te zijn, ook al is die niet begrepen.

Verruimd bewustzijn

V: Ik weet dat dit een verhaal is, maar ik vraag het toch: wat denk jij over het idee van een sprong in het bewustzijn, met andere woorden: geloof jij ook dat wij mensen steeds bewuster worden? Zou de wereld vrediger zijn als er alleen maar mensen zonder 'ik' zouden zijn?

A: Waarschijnlijk zou dat inderdaad zo zijn – overigens, en dat is belangrijk, niet omdat zoveel mensen bewuster zouden zijn, maar gewoon omdat er niemand meer zou zijn die in zijn waan zijn geluk zoekt in zoveel dingen en toestanden. Zoals gezegd, ik heb geen idee. Afgezien van het feit dat dit totaal hypothetisch is, zou het op zijn minst schijnbaar mogelijk moeten zijn. Ik geloof overigens minder in een 'steeds-bewuster–worden'. Bewustzijn zelf is verbeelding – en de verruiming van bewustzijn zou dat dan ook zijn. En dan moet ik al een beetje lachen om 'verruiming'; verandering vind ik dan meer op zijn plaats, maar die is natuurlijk denkbeeldig.
Het hele idee ontstaat in de fantasie dat er 'iemand' bestaat, die bewust kan worden en dan kan besluiten en handelen al naar gelang zijn staat van bewustzijn. Dat is juist de droom: dat 'ik ben' bewuster kan worden, om zichzelf te veranderen in een echt 'beter'.
Afgezien daarvan heb ik de indruk, dat deze zogenaamde verruiming van bewustzijn gefocust is op een paar thema's - bewust in de relatie, bewust in het scheiden van afval – en andere schijnbare thema's worden verwaarloosd.

Bewustzijn is nu eenmaal schijnbaar beperkt, dat wil zeggen, denkbeeldig. Het is niet echt, noch on-echt, niet groter, noch kleiner. Dat 'ik' kan kiezen, omdat ik iets 'weet', is de droom. Er is niemand. Kiezen verschijnt – ook al wordt er ook dan nog altijd schijnbaar gekozen.

Onbevredigend

V: Zijn het mijn gedachten die me zo laten lijden? Ik zou zo graag soms vrij willen zijn van mijn denken. Leef jij voornamelijk zonder denken?

A: Dat weet ik niet.

V: Weet je dat helemaal niet?

A: Nee, ik weet het niet. Want ik ben er niet bij. Daarom zou ik het ervaren van onbevredigd-zijn niet schuiven op het denken, maar op de denker. Het dilemma van het schijnbare ik is, dat het zijn gedachten ervaart als concreet en waar. Het veronderstelt dat gedachten een eigen waarheid hebben en lijdt dan onder die waarheid. De poging daaraan te ontsnappen is veroordeeld tot falen.

V: Ik probeer al ze met rust te laten.

A: Ja, dat is oké, maar dat is een middel binnen de ervaring van het 'ik ben'. In afwezigheid van 'ik ben' zijn gedachten dat, wat schijnbaar gebeurt, en geen probleem. Ze zijn niet gescheiden. Niemand hoeft ermee om te gaan.

V: Maar hoe is het dan voor jou?

A: Voor mij? Ik heb geen idee. Ik geloof dat zich wel een monoloog afspeelt in mijn hoofd, maar er is geen dialoog.

V: *Denk je dan soms wel na?*

A: Nadenken zou teveel gezegd zijn. 'Zonder mij' is er wel 'denken', maar geen 'nadenken'. Er is niemand die in zijn gedachten naar een oplossing zoekt. Niemand ervaart zijn gedachten en zoekt er iets in voor zichzelf. Het is gewoon wat schijnbaar gebeurt.

Onschuld

A: Dat, wat is, is alles. Er zit geen tweede bij – geen bewustzijn, geen god, geen ik, geen entiteit die dit, wat schijnbaar gebeurt, beïnvloedt, stuurt, manipuleert. Het is absoluut onschuldig. Zitten op stoelen is totaal onschuldig dat, wat het is. Niemand doet het, niemand manipuleert het, en niemand ervaart het.

V: *Is het onvoorwaardelijk?*

A: Ja, het is onvoorwaardelijk.

V: *Is bevrijding ook onvoorwaardelijk?*

A: Ja, bevrijding is onvoorwaardelijk. Er zijn geen voorwaarden waaraan voldaan moet worden.

V: *Ik heb zo vaak gehoord dat je stil moet worden.*

A: Zelfs als dat zo zou zijn, wie zou dat dan moeten doen? Jouw dood heeft niets met jou te maken. Als je stiller wordt, word je schijnbaar stiller. Als je schijnbaar bewuster wordt, word je schijnbaar bewuster. Dat heeft allemaal geen betekenis, en niets daarvan staat in verband met je einde. Maar één ding staat vast: zolang er 'iemand' aan het werk is, is er 'iemand'. Dat is niet goed noch fout, noch echt, maar dat is dan wat schijnbaar gebeurt. Kort geleden las ik ergens dat je niets kunt doen om te ontwaken, maar dat je dingen kunt doen die het mogelijk maken. Wat een grap! Wie is er? Wie moet er iets doen? Waarom? Er is geen echt 'ik', noch een echte bevrijding.

V: *Er is dus ook geen bevrijding?*

A: Nee, dat is er niet. Het hele patroon 'ik ben' is denkbeeldig. Bevrijding maakt daar een eind aan; eigenlijk het einde van iets dat er nooit was. De enige vereiste is dat het schijnbaar gebeurt.

V: *Gebeurt bevrijding dan?*

A: Nee, ook niet. Het einde van 'ik ben' is net zo denkbeeldig als 'ik ben'. Bevrijding is verbeelding.

V: *Wat is dan het verschil tussen ons tweeën?*

A: Dat weet ik niet. Ik zie geen verschil.

V: *Maar ik zie het.*

A: Dan is dat het verschil: dat jij een verschil ziet, en ik niet. Omdat ze beide zijn wat schijnbaar gebeurt, is dit verschil verbeelding. Eenheid verschijnt als jou en eenheid verschijnt als Andreas. Het verschil is denkbeeldig.

V: *Wat betekent 'denkbeeldig' dan? Is er nou een verschil tussen ons of niet?*

A: Tenminste niet echt. Voor degene die ervaart, zijn we twee echte, verschillende objecten. Dat is de droom. Wij twee zijn geen twee.

V: *Zijn we één?*

A: Als je het zo wil zien. Meer 'niet'. 'Niet-iets'. Sommigen zouden zeggen 'niet-twee'. Onverdeeld.

V: Verbonden?

A: Nee, we zijn niet verbonden. We bestaan niet als twee gescheiden objecten. Er is hier niemand. 'Verbonden' zou nog steeds afgescheiden betekenen. Alleen dingen kunnen verbonden zijn, maar echte dingen bestaan niet, noch afgescheidenheid.

Boodschap

V: Andreas, heb jij een boodschap?

A: Nee. Ik heb geen leer. Er is geen 'goed' of 'fout', geen weg en niets te verwezenlijken. Het is gewoon niet iets persoonlijks. Deze zinnen kunnen niet verwezenlijkt worden – wat hier wordt gezegd, is al voor honderd procent verwezenlijkt.

V: Maar je wijst toch vaak naar iets?

A: Nee, in feite doe ik zelfs dat niet. Hoe kan ik naar iets wijzen dat in die zin helemaal niet bestaat zoals het vermoed wordt? Er valt niets te ontdekken. Er is geen echt "aha"!

V: Er is geen "aha"?

A: Het kan verschijnen, maar niet noodzakelijk. Bij mij zelf was het er niet.

V: Hoe zou je dan beschrijven wat jou gebeurd is?

A: Dat kan ik niet. Er is met mij niets gebeurd. Als verhaal zou ik zeggen: er was schijnbaar een zoeker, Andreas, maar in plaats van iets te vinden, raakte hij onderweg verloren. Wat schijnbaar achterbleef, was een omhulsel dat doorgaat met functioneren.

V: Een omhulsel, zeg je?

A: Nee en ja, dat is het verhaal. Er blijft helemaal niets over, omdat ook dit omhulsel geen zelfstandige realiteit heeft. Maar goed….

V: Wat kun je nog zeggen over het omhulsel?

A: Dit omhulsel is inclusief gedachten, gevoelens en emoties, een psychologisch mechanisme. Overigens gebeurt dat voor niemand.

Aan het einde van 'ik ben', verdampt degene die in zijn ervaring het centrum van dit mechanisme is.

V: *Maar dat is toch ook een verhaal?*

A: Ja, niets van dit verhaal is echt. (lacht)

Nu pas

V: *Andreas, man, ik geloof dat ik nu pas hoor wat je in feite zegt. Het gaat dus echt om mij!*

A: Ja, absoluut. Bevrijding is het einde van de ervaring 'iemand' te zijn. Het is de dood van deze entiteit, 'ik ben', die niet slechts een idee is, maar binnen dit gebeuren ook absoluut waar en echt is. Dit 'ik ben' zal sterven. Pas in het sterven wordt duidelijk, dat deze entiteit nooit echt bestaan heeft en nooit moet en hoeft te sterven. Dat is bevrijding. Niets leeft, niets sterft, niets verandert, en daarmee verandert alles. Voor niemand, overigens.

V: *Wat blijft dan over? Bewustzijn? Gewaarzijn?*

A: Er blijft niets over, dat wil zeggen, niet-iets blijft over. Als bewustzijn en gewaarzijn ervaren worden, is er al sprake van afgescheidenheid. Toegegeven: gewaarzijn valt nauwelijks te omschrijven als 'ik'. Toch begint met gewaarzijn de schijnbare aanwezigheid en daarmee ook de ervaring van afgescheiden zijn. Het luistert heel nauw.

V: *Ja, dat klopt. Maar er is 'iets'.*

A: Ja, er is gewaarzijn, en tenminste wat ruimte er omheen.

V: *Maar daar rust gewaarzijn in oneindige ruimte. (lacht)*

A: Ja, zo zou je het kunnen zeggen, hoewel het daar nooit rust. Behalve af en toe een moment. Want omdat het al gebeurt in verdeeldheid, is het een toestand in tijd, met een begin en een einde. Vroeg of laat leidt gewaarzijn naar bewustzijn en dan naar 'ik ben'. Het spirituele 'ik ben' probeert dan via aandacht weer in het pure gewaarzijn te komen en daar te rusten. Een fantastisch spel!

V: En het leidt tot niets?

A: Het kan nergens heen! Dit hele patroon is denkbeeldig. De hele beweging is denkbeeldig. Het speelt geen rol of het nou puur gewaarzijn is, of het groezelige 'ik ben' – het hoort bij de droom van aanwezigheid; de droom dat 'iets' bestaat. Het dilemma van het schijnbare ik is, dat het gelooft dat gewaarzijn het absolute is en dat het kan leren daar te vertoeven. Dat is de droom. Omdat het steeds weer faalt, voelt het zich steeds meer een mislukking. Maar omdat het schijnbaar ook steeds weer successen heeft, blijft het oefenen en proberen.

V: Waarom zijn het schijnbare successen?

A: Ten eerste omdat er helemaal niemand is die het doet. Ten tweede, omdat rusten in gewaarzijn onbevredigend is. Het lijkt bevrijdend in tegenstelling tot de benauwende en problematische 'ik ben' ervaring, maar na een tijdje wordt het domweg saai. Dan gaat het weer terug naar het bewustzijn en de 'ik ben' ervaring.

V: En dat speelt zich allemaal af in afgescheidenheid?

A: Ja, het veronderstelde absolute gewaarzijn blijft afgescheiden van de veronderstelde 'ik ben' ervaring. 'Ik ben' wil graag om heel te worden ontwaken in gewaarzijn, terwijl het gewaarzijn uit pure aanwezigheid en eentonigheid terug wil naar de levendigheid en verstrooidheid van het 'ik ben'. Bevrijding is het einde van deze onechte, kunstmatige realiteit. Het is het samensmelten van het absolute met het relatieve in het onbekende.

V: En is er nu niemand?

A: Nee. Waar zou er iemand moeten zijn? Het is gewoon dat, wat schijnbaar gebeurt. Zowel het ervaren van scheiding, als het einde daarvan. Beide zijn eenheid. Niemand doet iets. Er zit niemand in en niemand wordt eruit bevrijd.

Ik ben DAT

V: Wat vind je van de zin: "Ik ben Dat"?

A: Dat is hetzelfde als "Er is niemand".

V: Ik heb het nooit begrepen en er zo ongeveer mijn tanden op stuk gebeten.

A: Dat was bij mij ook zo. Er valt ook niets te begrijpen, net zoals 'er is niemand' niet begrepen kan worden. Het dilemma is dat het schijnbare ik zou kunnen proberen dit 'ik ben Dat' te worden. Zoals iedereen leeft het in de veronderstelling dat het om een persoonlijke ervaring gaat.

V: Ja, ik wilde het begrijpen en het daardoor worden.

A: Bevrijding is het einde van scheiding, in zoverre ben ik natuurlijk al 'Dat' – wat zou ik anders zijn? De droom is echter, dat er een 'ik' is, dat 'Dat' kan ervaren.

V: Wat denk je van: "Ik ben alles"?

A: Ook dat zou je zo kunnen zeggen. Omdat er geen scheiding is, is er geen tegenover, niets vreemds, niets, dat ik nìet ben. Maar ook hier zit het probleem in het feit dat het geen ervaring is. Er is gewoon niemand die 'Ik ben alles' kan ervaren. Er is gewoon alleen maar niet-afgescheidenheid. Hetzelfde geldt ook voor de zin: "Ik ben niets". Er is geen ik dat niets zou kunnen zijn, maar wat is, is niets. Niet in de zin van 'niet een bepaald niets'. Wat is, c.q. wat schijnbaar gebeurt, is niet iets bepaalds en tegelijkertijd alles. Er bestaat niets anders.

Echt

V: Hou kan ik er achter komen of jij echt bent?

A: Waarom zou uitgerekend ik echt moeten zijn?

V: Ben je het niet?

A: Nee, natuurlijk niet. Ik besta niet. Net zomin als jij bestaat.

V: En deze boodschap?

A: Bestaat ook niet. Het schijnbare ik zal nooit weten of ik te vertrouwen ben. Het zal nooit weten of ik gelijk heb of niet. Deze boodschap zal iets blijven, wat het misschien kan proberen te geloven, maar het zal het nooit weten.

V: Maar hoezo dan?

A: Omdat het niet bestaat! Er is geen boodschap. Het spreken en horen van deze woorden is al eenheid, dat wil zeggen: is al dàt, waarover gesproken wordt. Wat gezegd en gehoord wordt, heeft geen inhoud. Dat is echter wat het schijnbare ik vermoedt en zoekt.

V: Zou jij dan zeggen dat alles leeg is?

A: Wat is, is zowel leeg als vol. Het is niets en alles tegelijkertijd. 'Niets' in de zin van 'niet een bepaald iets', en 'alles', omdat het alles is en er niets anders is.

V: Ah, dat is interessant. Voor mij was 'alles' altijd alles waaraan ik kon denken.

A: Ja, dat is 'alles' voor het schijnbare ik. Nee, wat schijnbaar gebeurt, is alles.

V: Alles wat in mijn waarneming gebeurt?

A: Nee, ook niet. Het is niet kenbaar, waarneembaar of ervaarbaar. Het is niet eens 'het'. Zoeken in de waarneming is de droom. Het is het schijnbare ik dat in zijn waarneming zoekt naar het absolute – en faalt. Waarnemend leven betekent schijnbaar gescheiden te zijn en 'enkel' iets te ervaren.

V: Poeh, hoe moet ik dan ooit….?

A: Nooit. Het gaat niet gebeuren. 'Ik ben' zal nooit zien. Het maakt geen kans.

Zingeving

V: Ik vind het heel erg dat er geen zin zou zijn. Voor mij is zingeving heel belangrijk.

A: Ja, het maakt deel uit van de droom.

V: Heeft dit dan geen zin?

A: Nee. Dit is alles wat er is Waarom moet het dan nog zin hebben?

V: *Voor mijn verlichting bijvoorbeeld.*

A: Maar die bestaat helemaal niet. Die hoort bij de illusie dat er een jij is, dat je een leven hebt, dat je naar een toekomst leidt, waarin je vervulling vindt. Dat is allemaal de droom. Voor jou moet je hier-zijn natuurlijk zin hebben: het maakt je hier-zijn compleet. Je ervaart het als juist en hoopt dat het tenminste zinvol is. Anders zou het immers voor niets zijn. Het is voor niets. Voor 'jou' zal het nooit kloppen, want het ervaren van niet kloppen is deel van de droom van 'ik ben'. Het leeft op die manier. Het leeft in schijnbaar niet kloppen, omdat het enkel ervaart. Dat zelfs dit lijden geen zin heeft, is voor het schijnbare ik bijna onverdraaglijk.

V: *Natuurlijk. Daar heb je gelijk in.*

A: Er is helemaal niets dat zinvol moet zijn voor dat, wat is. Er is geen ontwaken. Er is geen wereld, geen wereldvrede. Er is alleen maar dat, wat schijnbaar gebeurt. Het wonder is, dat het alles is.

Bijna-dood

V: *Een hele tijd geleden had ik een bijna-dood ervaring. Ik heb toen echt het licht gezien. Het was heel puur. Overal was liefde en op de een of andere manier was ik die liefde ook. Op een gegeven moment kwam het dagelijkse leven weer terug. Hoe zie jij dat?*

A: Als dat, wat schijnbaar gebeurt. En tegelijkertijd een schijnbare ervaring. Je was altijd aanwezig geweest, tegen het eind alleen nog als gewaarzijn, maar ook als aanwezigheid. In het licht van bevrijding heeft het geen enkele betekenis. Je hebt het toch overleefd?

V: *En als ik het niet overleefd zou hebben?*

A: Dan zou het ook niets betekend hebben.

V: Maar je hebt gelijk: Ik was er de hele tijd bij.

A: Daarom heet het ook 'bijna-dood-ervaring'. Het is 'slechts' dichtbij de dood en speelt zich af in tijd. Het is iets wat je overleeft. Je ervaart dat je op weg bent naar de dood, bent er dichtbij en komt weer terug in je dagelijkse bewustzijn. Dat heet een ervaring, ook al is het indrukwekkend.

V: Voor mij was het helemaal niet zo bijzonder, maar ik heb intussen een paar mensen ontmoet, die het ervaren hebben als heel bijzonder en daar weer heen willen.

A: Ja, het heeft iets puurs, iets heel vredigs. Puur gewaarzijn, kun je zeggen. Dat voelt precies hetzelfde. Heerlijk.

V: Maar dat is toch niet waar jij het over hebt?

A: Ja en nee. Natuurlijk is ook dat eenheid, met andere woorden, dat wat schijnbaar gebeurt. Maar het speelt zich ook af binnen de droom van gewaarzijn. Zoals gezegd is het een ervaring in schijnbare afgescheidenheid. Soms heel transformerend, want het is een ontmoeting met je eigen eindigheid. Schijnbaar natuurlijk.

Eenvoudig

V: Je hoort steeds weer dat het zo eenvoudig is. Dat zet mij echt onder druk. Als het zo simpel is, waarom begrijp ik het dan niet?

A: Het is helemaal niet eenvoudig. Vanuit het schijnbare ik is het onmogelijk. Het is ook niet heel moeilijk, maar in feite onmogelijk. Het is in zoverre makkelijk omdat het al zo is, als hier wordt voorgesteld. Maar het is gewoon onmogelijk te doen of te bereiken.

Het is nou eenmaal wat het is – en ja, met een ongelooflijk gemak;
je zou kunnen zeggen: omdat het 'niet gedaan' wordt. Niemand doet
dat, wat schijnbaar gebeurt. Niemand beïnvloedt het en niemand
manipuleert het. Dat is het gemak.

V: Hm.

A: Het schijnbare ik denkt dat het makkelijk te doen zou moeten
zijn. Omdat het voortdurend faalt, denkt het dat het heel moeilijk is.
Maar zoals ik zei, is het voor het schijnbare ik onmogelijk.

V: Als ik dat nou eens eindelijk kon begrijpen.

A: Zie je, het is onmogelijk.

Op het pad blijven

*V: Veel spirituele leraren benadrukken het belang van de weg naar
ontwaken, naar verlichting. Heel veel mensen zijn bezig met helen,
oplossen, verdiepen, enz. Het lijkt van enorm belang. Velen leggen er
ook de nadruk op*
dat het bewust moet gebeuren. Hoe denk jij daarover?

A: Ik vermoed dat ze één of een paar glimpen van ontwaken hebben
gehad en wat ze dan zeggen, komt uit hun persoonlijke ervaring van
dat moment. Het lijkt alsof ze op een pad zijn. Overigens is het
mogelijk dat ze denken dat zo'n glimp van ontwaken hetzelfde is als
bevrijding. Natuurlijk gaat daarna de ervaring van op weg zijn door.
De ervaring van 'iemand' te zijn, werd wel 'onderbroken' -
energetisch kan dat een grote impact hebben, en heel ontnuchterend
of intensief zijn - maar het 'ik' is niet opgelost. In de droom van
degene die overleeft, die zichzelf nu als 'ontwaakt' ervaart, blijft het
natuurlijk belangrijk verder te werken aan zichzelf. En natuurlijk is
dat zo, omdat er nu weer iemand is die dat, wat schijnbaar gebeurt,

ervaart en daardoor onbevredigd is. Omdat het om persoonlijke verlichting gaat, lijkt het werk zelf nu van meer betekenis te zijn.

V: Dat klopt voor heel veel van wat nu speelt onder 'spirituele leraren'.

A: Ja, natuurlijk. Bevrijding is het einde van de ervaring 'iemand' te zijn, maar het schijnbare leven gaat schijnbaar door – zo menselijk en onmenselijk als het nou eenmaal schijnbaar doorgaat. Het einde van 'ik ben' is geen stilstand – en toch is dat het einde van degene die bewust handelt en daarmee van degene die zich op een pad waant. Waarom zou het nou na het einde van 'ik ben' nog belangrijker moeten zijn om op een pad te blijven dan ervoor?! Dit idee ontstaat uit een persoonlijke ervaring van verlichting. In de beleving wordt dat gezien als 'terugvallen' – 'ik ben' is er weer! – en de noodzaak tot verdere beoefening en methodes. Terwijl zich dit afspeelt, wordt er echter ook geloof gehecht aan een grove mix uit allerlei spirituele waarheden. Omdat deze 'waarheden' en concepten niet bestand zijn tegen dat, wat schijnbaar gebeurt, is er ook steeds weer opnieuw een nederige her-oriëntatie van de eigen overtuigingen. Daaruit ontstaat ook het idee van 'blijven werken', en het idee dat er bewust op moet worden gelet niet opnieuw in te slapen.
De meeste zogenaamde spirituele leraren, zo niet alle, ervaren zichzelf gewoon als 'iemand'. Dan is het ook heel natuurlijk dat ze een persoonlijke boodschap hebben, in welke vorm dan ook.
Er is geen weg. Wat na bevrijding gebeurt, heeft geen betekenis, net zo weinig als het ervoor had.

V: Maar denk je niet dat deze leraren tenminste glimpen van ontwaken hadden?

A: Jawel, natuurlijk. En toch hebben ze die overleefd. Daarom is er een leer. Een leer met 'goed' en 'fout', een weg, een doel en iemand die bewust kan doen en laten. Doelen zijn bijvoorbeeld 'zich bewust te verdiepen', 'bewust trauma te helen' of gewoon 'niet meer in te slapen'. Dat komt allemaal uit persoonlijke ervaring. Natuurlijk gebeurt schijnbare verdieping, natuurlijk kunnen trauma's geheeld worden. En toch speelt het geen rol, of en hoe dat verschijnt, noch is er iemand die dat bewust zou kunnen of moeten doen. Het ervaren van bewustzijn is de droom. Het is het schijnbare ik, dat in persoonlijk bewustzijn leeft – zogenaamd zichzelf, dat de wereld beleeft en kent. Dat is de droom.

V: Is er dan ook persoonlijk bewustzijn?

A: In feite is bewustzijn altijd onpersoonlijk. Niemand heeft het, toch kan het in essentie alleen maar schijnbaar bewust zijn. Maar bewustzijn is verbeelding en geen echte entiteit. In die zin is bewustzijn de droom – ook al is het een droom waaruit niemand wakker wordt. 'Ik' heeft namelijk geen bewustzijn waaruit het in de werkelijkheid wakker zou kunnen worden. 'Ik ben' en bewustzijn zijn één.
Als 'ik ben' sterft, dan sterft dat, wat leeft in bewustzijn.

V: Mijn leraar gaf me steeds de raad bewust te blijven.

A: Wat hij daarmee adviseerde, is afgescheiden te blijven. "Je moet bewust blijven", betekent dat je aanwezig moet blijven en dat je ervoor kunt kiezen 'bewust' te zijn – in tegenstelling tot onbewust en dromerig. Dat is de droom en tegelijkertijd de hel, want om de illusie 'bewust te zijn' in stand te houden, moet je er voortdurend aan werken, tenminste in het begin. En terwijl 'ik ben' voortdurend probeert 'bewust' te zijn, ziet het niet de irrelevantie en de overbodigheid van zijn inspanningen, die enkel tot mislukken gedoemd zijn. Het dilemma is, dat het falen de smaak van persoonlijke mislukking achterlaat. 'Ik ben' blijft dus achter met een 'ik ben nog niet goed genoeg' gevoel, wat weer leidt tot verder zoeken. En idem dito leidt 'zoeken' niet naar 'vinden', maar tot het in stand houden van zoeken. Wat een grap! In het persoonlijke leraar-leerling-spel wordt echter juist dat ondersteund: de noodzaak van de zoektocht en het 'aan het werk blijven'.

Trauma, processen

V: Andreas, zijn er bij jou nog processen actief, zoals bijvoorbeeld trauma's en/of heling?

A: Ja. Maar niet voor mij. Ook hier kun je stellen dat het dat is, wat schijnbaar gebeurt. Daar is niets fout aan, er hoeft niets te worden versneld of afgebroken. Het schijnbare ik vermoedt vervulling, bijvoorbeeld in het helen van trauma's, dus in het helen van alle trauma's. Ik weet niet of dat eigenlijk wel mogelijk is, maar afgezien daarvan, hebben trauma's maar in beperkte mate iets met bevrijding te maken. Bevrijding is de dood van degene die ervaart – dan speelt het geen rol wat de schijnbaar overlevende heeft ervaren. Overigens lijkt er bij bevrijding een tendens van verstrijken te zijn: ongunstig gedrag, dat door het schijnbare ik als overlevingsstrategie overeind werd gehouden, wordt niet meer ondersteund en neemt daardoor langzaam af. Mijn indruk is, dat dat veel langzamer gebeurt dan het schijnbare ik aanneemt.
In feite is bevrijding een uiterst normale zaak en juist niet de knal die het verhaal vanaf dat ogenblik helemaal goed maakt.

V: Wat is bevrijding?

A: Bevrijding is het einde van de ervaring 'iemand' te zijn, en daarmee het einde van elk ervaren. Wat overblijft is het leven zelf, dat echter uiteindelijk niet gekend wordt. Het is geen 'iets'. De verrassing is, dat er helemaal niemand leeft die kan sterven. Dat openbaart zich in het sterven, dus in de laatste uitademing.

V: En de processen stoppen daarmee niet?

A: Nou ja, wat eindigt is het ervaren van prosessen als iets reëels. Processen zoals het schijnbare ik die ervaart, bestaan niet. Ook processen zijn het onbekende, dat verschijnt als dàt, en in die zin nou eenmaal niet als echte processen ervaren worden. Voor het schijnbare ik, is een innerlijk proces iets wat echt is. Het is iets dat echt gebeurt, niet volmaakt is, maar wel in die richting gaat. Het is een ontwikkeling, meestal om het beter te krijgen. Maar dat is de droom. Er is geen 'beter' en 'slechter' en er is geen ontwikkeling. Er is helemaal niets dat echt gebeurt. In bevrijding is er gewoon niemand die daarmee in een verhaal leeft. Bovendien is er niemand die bijvoorbeeld heling kan afdwingen en via heling hoopt een echt 'beter' te vinden.

V: Maar jij hebt toch ook verlangens, of maakt ruzie met je vriendin.

A: Ja, dat is wat schijnbaar gebeurt. Maar er zit niemand in. Dat maakt het niet beter of slechter, het is gewoon zo. Als iemand een schijnbaar overlevende is, is het voor diegene echt. Die zit dan in die situatie en ervaart het als iets wat echt is. En omdat hij het ervaart, blijft het afgescheiden en onvolmaakt.

V: Welk advies zou je dan geven?

A: Ik zou hem aanraden te sterven. Maar het probleem is dat er niemand in leven is. Ik heb dus geen advies.

Kansen

V: Het lijkt alsof op dit moment bevrijding steeds vaker gebeurt.

A: Nou ja, misschien lijkt dat wel zo, maar ik zie het ik nou ook weer niet op elke straathoek oplossen. Het blijft toch vrij zeldzaam.

V: Dat betekent dat er voor mij weinig kans is.

A: Geen idee. Er zijn geen voorwaarden waaraan je moet voldoen. Scheiding is denkbeeldig; niets zal één worden. Overigens is afgescheidenheid eenheid die als afgescheidenheid verschijnt. Er is geen reden om niet te verschijnen als afgescheidenheid.

V: *Nou, super! Dan blijft het bij het oude.*

A: Ja, 'ik ben' blijft altijd bij het oude. Alle successen, elke ervaring van persoonlijke ontwikkeling, is verbeelding. Alle mislukkingen trouwens ook.
Het 'ik ben' komt steeds weer opnieuw terug bij het begin, bij zijn basis-dilemma, zijn aanwezigheid. "Hier sta ik en wil…..iets: bevrijding, oplossing, verlichting, aankomen, rust, vrede. Wat dan ook". Daar komt 'ik ben' niet uit en daar kan het zich ook niet uit ontwikkelen. Dat is zijn dilemma.

V: *Wat is zijn dilemma?*

A: Zichzelf alleen als echt te kunnen ervaren, maar echt en niet echt te zijn. Dat is zijn onoplosbare dilemma.

V: *Het is inderdaad niet op te lossen.*

A: Jawel. Het is niet op te lossen, omdat het niet echt is. Omdat 'ik ben' ook denkbeeldig is, is er ook geen dilemma.

V: *Dat is echt een wonder.*

Focus

V: *Andreas, sommige leraren stellen voor, dat je de focus weg van het denken, op het gevoel of de oneindige ruimte moet richten, dat er met andere woorden een keuzemogelijkheid is en we uit de verhalen kunnen stappen.*

A: Dat kan schijnbaar gebeuren, maar het hoort bij het verhaal van 'ik ben'. Het is het schijnbare ik, dat hoe dan ook leeft in focus. Het leeft in aandacht, die weliswaar kan focussen of afdwalen, maar het blijft in aandacht. 'Ik ben' is het centrum van waaruit de aandacht zich richt op verschillende objecten.

V: Dat kan toch zeker helpen?

A: Ja, het helpt – en het heeft niets te maken met deze boodschap. Natuurlijk kan het voor het schijnbare ik aangenaam zijn, de aandacht van het denken op het gevoel of iets anders te richten. Het verlaat dan zijn verhaal en de in kringetjes ronddraaiende gedachten, voor even tenminste. Het is net een kleine adempauze en daardoor prettig. Dat is niet slecht, maar het heeft niets te maken met het einde van afgescheiden zijn.

V: En de aandacht heel weids laten worden?

A: Blijft net zo goed afgescheiden. Wat overblijft is 'iemand', die voor eventjes in een eindeloze ruimte zit en daar uitrust. Het steeds weer in deze ruimte terugkeren, wordt dan de spirituele praktijk. Het idee is dat iemand verlicht is, als hij dat op elk moment uit vrije wil kan doen. Dat hoor je toch van leraren: "Altijd als het slecht met je gaat, ga je gewoon deze onmetelijke, onaangetaste ruimte binnen en rust daar". De ruimte is natuurlijk in zoverre onaangetast, dat zich daar geen verhalen afspelen, maar degene die daar schijnbaar in vertoeft, ervaart het toch als iets. Dat heeft niks te maken met bevrijding. Het blijft binnen het mechanisme van 'ik' en 'ervaring'. Nog afgezien van het feit, dat nog nooit iemand daar gebleven is.

Staat van zijn

V: Ben jij altijd in deze staat van zijn?

A: Het is geen staat, het is gewoon zijn. Overigens is dit 'zijn' niet zoals het schijnbare ik het zich voorstelt. Dit lichaam - deze schijnbare persoon - leeft en gedraagt zich zoals het altijd gedaan heeft. Maar er is niemand die daar steeds naast loopt en het waarneemt. Niemand die waarneemt en dat wat gebeurt, ervaart. Niemand die in verhalen leeft, problemen ziet en oplossingen zoekt. Niemand die voortdurend in gesprek is met zichzelf en ononderbroken dialogen met zichzelf heeft. Deze hele kunstmatige identiteit, deze droom 'iemand' te zijn, bestaat niet. En wat dan is, is simpelweg wat dan is. En dat is zijn.

V: Het helpt dat bij bevrijding alle ideeën verloren gaan.

A: Ja, alle ideeën gaan verloren, inclusief het idee dat alle ideeën verloren gaan. (lacht)
Weet je, ik ben gewoon wie ik ben, maar zijn zoals je bent, kun je niet doen. Dat gebeurt vanzelf. Niemand kan en moet dat doen. Het schijnbare ik voelt zich afgescheiden en onbevredigd. Het zoekt naar een oorzaak en één van de schijnbare oorzaken kan bijvoorbeeld de veronderstelling zijn, dat de eigen persoonlijkheid of het eigen gedrag, als ontoereikend veroordeeld wordt. En dat leidt dan tot onvrede. Het schijnbare ik gaat dan proberen controle te krijgen over het gedrag en gaat werken aan zijn persoonlijkheid. De grootste angst van het schijnbare ik is, zichzelf niet te kunnen ervaren. En daarmee elke controle te verliezen. Niet te kunnen ingrijpen en sturen als dit lichaam zich schijnbaar vreemd gedraagt. Niet te weten wat gaat gebeuren en geen macht te hebben, staan voor het schijnbare ik gelijk aan de hel.
Ik heb geen zeggenschap over hoe ik me gedraag. Of ik me bewust genoeg gedraag, niet achter ideeën aanren, of ik aardig of spiritueel genoeg ben. Ik heb geen idee of mijn leven bergafwaarts gaat, of ik door een paar onhandige besluiten eindig onder een brug, of zonder water midden in de Sahara.
Maar er is niemand. Niemand die een keus heeft en niemand die weet. Daarom is het makkelijk.

V: En je hele spirituele weg?

A: Heeft nergens toe geleid. Of het heeft me hierheen geleid. Hoe dan ook, het zou juister zijn om te zeggen dat er nooit een weg was. Dat ik er nooit geweest ben. Op weg zijn was nooit echt. Schijnbaar op weg zijn, is al eenheid. Is al 'dat'. En het verhaal van op weg te zijn, was altijd al een verhaal en nooit de realiteit.

V: Wat is realiteit?

A: Dat. Dat, wat verschijnt. Het is niet-iets, maar dat zou je als realiteit kunnen zien.

V: Soms zeg je dat bepaalde dingen 'alleen maar verschijnen'. Of dat er 'alleen maar dat' is. Hoezo 'alleen maar'? Ontken je daarmee niet iets heel belangrijks, namelijk het relatieve, het menselijke?

A: Nee, er valt niets te ontkennen. Wat verschijnt, is het! Er is niets anders. Wat op een bepaalde manier ontkend, c.q. als droomwereld onthuld wordt, is het verhaal waarin het schijnbare ik leeft. Het schijnbare ik ziet alles wat hem overkomt als belangrijk, want vanuit zijn standpunt gebeurt het met hem en is het echt. Zonder ik, is dat wat gebeurt echt en niet echt, en verliest zijn betekenis. Betekenis vindt altijd plaats in een context van tijd en van 'goed' en 'fout'. Zonder tijd en daarmee zonder doel, kan er geen betekenis zijn. Daarom zou je kunnen zeggen, dat het 'alleen maar' verschijnt. Omdat het verhaal, en dus ook de interpretatie van dat wat verschijnt, geen betekenis heeft, verschijnt het als 'alleen maar'. Maar natuurlijk is dat, wat verschijnt, alles. Er is honderd procent dat, wat verschijnt. Als er pijn is, is er honderd procent pijn. Zo voelt het en zo ziet het er ook uit. Dat is eenheid. Daar valt niets aan te ontkennen. Net zo weinig als 'leven in een droomwereld' ontkend kan worden. Als iemand mij vertelt dat hij mij en zichzelf waarneemt (als iets), dan kan ik dat alleen maar bevestigen. Ook dat is wat verschijnt. Maar ondanks dat blijft het een droomwereld.

V: Is het weer het schijnbare ik dat die kreten inpikt?

A: Ja, natuurlijk. Het probeert er meer vat op zijn leven mee te krijgen. Met het motto: "Ach, ik hoef mezelf niet onder druk te zetten, het is maar een verschijning". Of het denkt dat hij zich daardoor niet bezig hoeft te houden met zichzelf, zijn leven of zijn gevoelens, omdat ze blijkbaar 'slechts' verschijnen. Het is een nieuwe methode van het schijnbare ik, deze woorden te gebruiken om weg te lopen voor de intensiteit van het leven en zichzelf iets wijs te maken. Het gebruikt alles.

V: Zou je dus kunnen zeggen dat het er om gaat honderd procent te leven, maar niet alles zo serieus te nemen?

A: Ja en nee, want er is niemand die dat kan doen. Het is meer een beschrijving. Als er niemand meer is, wordt dat, wat eerder als afgescheiden ervaren werd, één. Dan is het automatisch honderd procent. Dan loopt er niet 'iemand' op straat, maar is er alleen maar 'op straat lopen'. Dan is 'op straat lopen' alles. Alles wat gebeurt, en totaal absoluut. Interessant genoeg is het pas zonder afscheiding duidelijk, dat 'op straat lopen' echt èn onecht is.

V: Het kan dus niet gedaan worden.

A: Ja, want er is niemand. Zonder ik is het ook duidelijk dat er geen ik is en er nooit geweest is. Nergens. En dat schijnbaar 'iemand' zijn, en in een droomwereld leven, óók honderd procent dat wat verschijnt is, en ook echt en onecht is. Ook schijnbaar 'iemand' zijn, is honderd procent. Alleen wordt dat door die schijnbare 'iemand' niet zo ervaren, want die is toch schijnbaar 'iemand' en leeft in de droomwereld van de schijnbare verdeeldheid.

Diepe slaap

V: *Andreas, is er een verschil tussen diepe slaap en waakbewustzijn?*

A: Niet echt. Maar als je praat over waakbewustzijn versta ik daaronder de droom. 'Ik ben' ervaart zichzelf overdag als wakker en bewust.

V: *En jij?*

A: Er is niemand wakker. 's Morgens gaan de ogen open, maar er is niemand die wakker wordt. Voor de meeste mensen wordt er 's morgens 'iemand' wakker en kort daarna ben 'ik met mijn hele verhaal' er. Dan weet ik wie ik ben, wat ik moet doen, en wat er gaat gebeuren. Elke morgen wordt het bewustzijn wakker – en 'ik' ben er. Als er niemand is, is er niets meer dat wakker wordt nadat het de ogen opent.

V: *Sommige mensen zeggen dat bevrijding hetzelfde is als diepe slaap. Hoe denk jij daarover?*

A: Je zou dat zo kunnen zeggen, want in diepe slaap is er niemand die ervaart. Dat is natuurlijk bij bevrijding ook zo. Maar als er niemand is, eindigt bevrijding natuurlijk niet als je 's morgens wakker wordt.

V: *Ja, 's morgens weet ik soms echt niet wie ik ben. Dan kan ik rechtstreeks waarnemen hoe het ik zich weer opbouwt.*

A: Ja, in principe ben je er weer vlak voor de opbouw. Bij sommige mensen gaat dat heel snel en bij sommigen duurt het een tijdje. Op een gegeven ogenblik verschijnt een fijn gewaarzijn – bijna ongemerkt – maar dat is het eerste ervaren van bewustzijn. Daar begint het spel van afgescheidenheid.

V: Ik had al het idee dat ik wilde waarnemen wanneer het 'ik' verschijnt. Natuurlijk om te voorkomen dat het terugkomt en een verhaal opbouwt.

A: Ja, maar wie gaat dat zien? Het zien van dit idee, het 'ik ben' te kunnen – en moeten - voorkomen, komt al uit de ervaring van aanwezigheid. Het komt al uit een gewaarzijn. Niemand doet 'ik ben'. Niemand schept dit gewaarzijn. Deze aanwezigheid is denkbeeldig en niet maakbaar, noch te voorkomen. Dat deze aanwezigheid echt is, of het nu gewaarzijn is, bewustzijn, of de volle mep 'ik ben', is de droom.

V: Wat is dan het verschil tussen diepe slaap en waakbewustzijn? Ervaar jij een verschil?

A: Nee. Maar niet omdat ik beide als hetzelfde ervaar, maar omdat er niemand is die iets ervaart. Het is het onbekende dat verschijnt als diepe slaap en als 'dagelijks zijn'. Beiden zijn dat wat schijnbaar is, maar voor niemand.

V: Bevrijding is dus niet diepe slaap?

A: Als bevrijding diepe slaap was, zou het een staat zijn. Het enige waar het naar wijst, is de afwezigheid van degene die ervaart. Zo beschouwd is bevrijding diepe slaap – de eeuwige slaap van degene die tot op heden wakker is. Overigens is degene die ervaart denkbeeldig. Waakbewustzijn is denkbeeldig en daarmee ook zijn einde. In dat licht bestaat bevrijding niet als werkelijkheid.

V: En als onwerkelijk?

A: Wat zou onwerkelijk moeten zijn?! Aanwezigheid is denkbeeldig. Hoe zou dat dan echt bevrijd moeten worden? Het is gewoon onmogelijk.

Alles is leeg

V: *Moet ik stoppen met dingen te benoemen? In Zen wordt dat toch vaker geadviseerd, juist in verband met leegte.*

A: Nee, ik adviseer dat niet. Benoemen verschijnt – ook in bevrijding. Het dilemma van het schijnbare ik is, dat het met benoemen leeft in de realiteit. Dat betekent dat het ook hier een concrete inhoud verwacht, namelijk dat dit benoemen, dat ook leeg is, een eigen waarheid heeft. Dat is de droom.. De droom van een op zichzelf staande waarheid wordt natuurlijk gevoed door, c.q. hoort bij de 'ik ben' ervaring. Binnen deze schijnbare subject-object realiteit worden dingen gewoon als dingen beleefd, waargenomen, ervaren. Dat is niet fout, maar eerder een kunstmatige realiteit, die theoretisch (en ook heel praktisch) op elk moment in elkaar kan storten. Als dat gebeurt, wordt voor het eerst duidelijk, dat niets een eigen realiteit heeft, inclusief het zien ervan.

Dissociatie

V: *Is er een verschil tussen wat jij vertelt en dissociatie? Voor mij klinkt het zo, maar ergens ook niet. Ben jij gewoon in dissociatie?*

A: Dissociatie is een psychologisch mechanisme dat binnen het verhaal plaats vindt. In principe gaat het over een situatie binnen het persoonlijke beleven, ook als dat zo helemaal niet meer echt ervaren wordt, c.q. gezegd kan worden.

V: *Veel mensen zeggen toch dat ze zichzelf niet meer voelen en alles onwerkelijk over komt.*

A: Ja, zo wordt het ervaren. Dissociatie is de schijnbare reactie op een traumatische gebeurtenis. Je zou kunnen zeggen dat het een functie is. Het ik splitst zich in zijn ervaren zo ver af, dat het zichzelf helemaal niet meer kan waarnemen. Wat overblijft, is het gevoel van leegte, onwerkelijkheid en zinloosheid. Op het eerste gezicht kan dat hetzelfde lijken – ten dele tenminste – maar dat is het juist niet. In dissociatie worden leegte, onwerkelijkheid en zinloosheid ervaren. Deze staat van dissociatie, de aspecten ervan, worden dan als echt ervaren. Er is geen verband met wat hier gezegd wordt, ook als woorden op het eerste gezicht hetzelfde lijken,

V: Maar praten veel spirituele leraren daar niet ook over?

A: Ja, dat zou je zelfs kunnen zeggen. Welbeschouwd is 'ik ben' dissociatie. Het ervaart zichzelf als afgescheiden. Zelfonderzoek, aandacht en de neutrale waarnemer leiden tot een ander soort kunstmatig toegevoegde dissociatie. Bij de meeste mensen gebeurt dat niet in een mate van psychologische aandoening, maar wel als afsplitsing. Wat overblijft, is een gevoel van leegte. Sommige mensen voelen zich zonder meer dood.

V: Maar dat zeg jij af en toe toch ook.

A: Nee, dat zeg ik niet. Ik zeg niet dat ik me dood voel. Ik zeg niet dat ik alles ervaar als leeg. Ik ervaar geen zinloosheid. Er is hier niemand die ervaart. Bevrijding – om dat woord te gebruiken – is niet te beschrijven, juist omdat het geen staat van zijn is, noch een ervaring. Mensen met dissociatie ervaren onwerkelijkheid als echte ervaring. Bevrijding is het schijnbare einde van het energetische patroon 'ik ervaar iets'. Beide zijn dat, wat schijnbaar gebeurt.

Dood of levend

V: Als jij erover spreekt dat dit leeg is, heeft dat voor mij iets heel bedreigends. Het voelt als dood.

A: Ja, vanuit het standpunt van het schijnbare ik is het dat ook. Het vermoedt in alles een eigen werkelijkheid. Dat maakt alles grijpbaar. Zonder deze inhoud wordt alles vaag en ongrijpbaar.

V: Ja, absoluut. Wat heeft het met de dood te maken?

A: Leeg is zonder inhoud. Voor het schijnbare ik is dat 'dood'.

V: Is het dan dood?

A: Ja, op een bepaalde manier wel. Het einde van werkelijke inhoud, is het einde van werkelijke dingen. Het is het einde van werkelijkheid zelf. Zo beschouwd is het dood.

V: Maar je zegt soms ook dat het totaal levendig is.

A: Het is het allebei – of geen van beide. Net zoals je het wilt. 'Zitten op stoelen' is, en is niet. Je zou ook kunnen zeggen: het is werkelijk en onwerkelijk. 'Is en is niet', is 'levendig en dood'.

V: Dat is waanzin.

A: Ja. Schijnbaar. Eigenlijk is het de natuurlijke realiteit. Aanwezigheid, bestaan, schepping, zijn verbeelding. Ze zijn en ze zijn niet. Niet nu, noch eeuwig. Niet iets, noch niets. Dat is het wonder.

V: Ja, dat is zo. Geweldig. Veel dank daarvoor.

Reïncarnatie

V: Bestaat reïncarnatie? Leeft het bewustzijn na de dood van het lichaam verder?

A: Nee, reïncarnatie bestaat niet, simpelweg omdat deze entiteit, die zichzelf ervaart als levend, denkbeeldig is.

V: Zou de vraag dan kunnen zijn of reïncarnatie verschijnt?

A: Natuurlijk kun je dat vragen, alleen zal er geen bevredigend antwoord op komen. Die vraag is in verband met deze boodschap ook niet relevant. Het is zoeken naar waarheid in een realiteit, die als zodanig helemaal niet bestaat. Het is vragen naar een toekomst, die er niet is.

V: Maar voor mij is het wel belangrijk.

A: Ja, voor het ik kan deze vraag belangrijk zijn. Maar jij bent er nou eenmaal niet. In het ervaren van 'ik ben', bestaat de veronderstelling dat er een echt verloop van tijd is, dat tijd en ruimte zich uitstrekken. Dat is de droom: er is geen tijdsverloop. Er is geen verleden, geen nu en geen toekomst. Wat in de toekomst gebeurt, speelt geen rol, in die zin zal het nooit echt plaats vinden. Deze levende persoon is denkbeeldig.

V: Wat denk je dan over bijna-dood ervaringen?

A: Het zijn ervaringen. Ze vinden plaats in het bewustzijn, dus in het ervaren van 'ik ben'.

V: Ja, maar er zijn voorbeelden waarbij het lichaam al klinisch dood was.

A: Oké, kan zijn. Maar er kan alleen over gepraat worden omdat het lichaam juist niet helemaal dood was. En in het ervaren was er gewoon nog 'iemand'. Ik zelf heb geen bijna-dood ervaring gehad in de klassieke zin, maar iedereen die ik ontmoet heb en me erover vertelde, bevestigde mijn veronderstelling. Ze waren er de hele tijd bij, waren soms dichtbij het punt van overlijden en zijn weer terug gekomen. Blijkbaar was ook het lichaam niet zo dood, dat het niet meer in staat was te functioneren. Er is gewoon niemand die kan vertellen hoe het is na de dood. Bij niemand die de bijna-dood ervaring had, heeft de laatste uitademing plaats gevonden – figuurlijk noch fysiek. Alles bleef binnen het gewaarzijn – het ervaren dat er 'iets' was: helder licht, puur gewaarzijn, wat dan ook. En zoals gezegd, was er ook fysiek geen laatste uitademing.

V: Er was een arts die zeven dagen lang klinisch dood was.

A: Nou ja, bijna dood. Misschien was hij hersendood of iets dergelijks, maar hij hing nog aan een slang en het lichaam functioneerde tot op zekere hoogte. Ook hij was dus niet helemaal dood.

V: En bevrijding? Ben jij niet gestorven?

A: Jawel, als je het zo wilt zien, is dat zo.

V: En hoe is het bij jou?

A: Ik heb geen idee. Er is geen 'bij mij'. Ik ben niet terug gekomen.

V: Wat denk je over verhalen en herinneringen uit vroegere levens?

A: Die zijn ook dat, wat schijnbaar gebeurt. Maar zoals elke herinnering, hebben ook die geen realiteit. Ze hebben geen eigen waarheid. Feitelijk speelt het geen rol hoe ver de herinneringen terug gaan. Niets is echt gebeurd. Ik had ook herinneringen uit vroegere levens. Is het verleden daarom waar? Natuurlijk niet.

V: De boeddhisten beschrijven de tijd tussen levens heel goed geloof ik.

A: Daar weet ik niets van. Zijn het pure veronderstellingen of ervaringsverhalen?

V: Hm, dat weet ik weer niet.

A: En? Weet je nu meer?

V: Niet echt.

A: Je aanwezigheid is verbeelding. Je schijnbare dood zal komen – ofwel in je huidige leven of ergens over tweehonderd levens. Het speelt geen rol. Niets daarvan is echt. 'Wat is', is dat, wat schijnbaar gebeurt. Dat is alles. Waar niets leeft, kan ook niets sterven. Zwijg van opnieuw geboren worden.

V: Zou jouw ik niet ook weer terug kunnen komen?

A: Nee, dat kan niet. Er is en er was nooit zoiets als 'mijn ik'. Ik zou echt niet weten wat terug zou moeten komen. Weet je, als het voorbij is, is het voorbij.

V: Maar je zegt toch steeds, dat theoretisch alles mogelijk is. Dan zou de terugkeer van het ik toch ook mogelijk moeten zijn.

A: Ik herhaal: het is niet logisch. Het einde van 'ik ben' is de dood van iets dat nooit bestaan heeft. In het sterven – dus bij de laatste uitademing – wordt duidelijk dat er niets in leven is. En waar niets gestorven is, kan ook niets terug komen. Dat is het wonder.

Gewoon laten gebeuren

V: Ik probeer vertwijfeld de dingen te laten gebeuren, maar het lukt me gewoon niet. Dus moet ik toch voortdurend ingrijpen.

A: Waarom wil je 'de dingen laten gebeuren'? Er is niemand die dat kan en moet doen. Het is een fantasie van het schijnbare ik, om de verlichte toeschouwer te worden, die heel minzaam 'alleen nog maar laat gebeuren'. Afgezien van het feit dat niemand dat volhoudt, is het ook alleen maar aangenaam, zolang alles in het leven goed gaat. Als het een keer niet zo goed gaat, wordt het ik het slachtoffer of heel snel dader.

V: Ja, dat klopt. (lacht)

A: Het schijnbare ik ervaart zichzelf als beide: als degene die ervaart, is hij het slachtoffer van de omstandigheden of de situatie. Overigens gelooft het ik tot op zekere hoogte ook de doener te zijn en, binnen de gegeven omstandigheden, actief te kunnen worden. Dan gaat het ongeveer zo: "Het is wel stom, maar ik probeer er het beste van te maken".

V: En jij? Hoe hou jij jezelf staande?

A: Ik sta nergens. Er is hier niemand die tegenover het leven staat als iemand die afgescheiden is. Ik verhoud me niet tot het leven, omdat zowel ik, noch het leven, bestaan als zelfstandige werkelijkheid.

V: Maar ik kan toch niets doen om te ontwaken?

A: Ja, dat klopt. Je kunt ook niet niets doen. Je bestaat nou eenmaal niet als zelfstandige, afgescheiden entiteit. Doen en laten verschijnen – het heeft geen betekenis. De droom is, dat je zowel het ene als het andere doet en dat zowel het ene als het andere je dichter bij een doel brengen. 'Ik ben' is verbeelding, en daarmee ook het eindeloze gedoe dat het schijnbaar aantrekt.

Eeuwig

V: Is het universum oneindig en eeuwig?

A: Er is geen universum, net zo min als ruimte en tijd bestaan. Ik spreek meer over ruimte- en tijdloos. Er is geen ervaring van uitdijen, niet in tijd, noch in ruimte.

V: Ik voel soms weidsheid.

A: Dat is een ervaring.

V: Hoezo?

A: Je ervaart het toch.

V: Ja, dat klopt.

A: 'Ik ben' kan benauwenis of weidsheid ervaren – afhankelijk van de focus. Beiden kunnen prettig of onprettig zijn, maar het blijft binnen het patroon van 'ik ben', en heeft niets te maken met dat, waarover hier gesproken wordt. Ongeacht hoe ruim of gefocust je ervaring is, het blijft een ervaring, en daarmee binnen de ervaring van afgescheiden zijn. Gericht en gefocust leven is leven in schijnbare verdeeldheid. 'Ik ben' richt zijn focus op het schijnbare tweede. Dat is verdeeldheid – en tegelijkertijd de kunstmatig gecreëerde werkelijkheid. 'Ik ben' doet nou eenmaal niets anders dan leven in deze realiteit. Het ervaart een ruimte die niet bestaat. En natuurlijk ervaart het zichzelf als centrum, dat evenmin bestaat.

V: Dat is echt gek. Dat heb ik zo nog nooit gehoord. Je hoort toch overal dat het ik niet echt is, maar zo heb ik het nog nooit gehoord.

Maar hoezo 'kunstmatig gecreëerd'?

A: Nou ja, er is natuurlijk geen 'kunstmatig gecreëerde werkelijkheid', want juist dat is de droom: dat 'ik ben' bestaat. Maar omdat 'ik ben' helemaal geen zelfstandige entiteit is, is er ook geen kunstmatige werkelijkheid. Er is alleen dat, wat is. Dat is de natuurlijke realiteit – de enige realiteit die bestaat.

Liefde

V: Ik voel een vaag verdriet. Ik voel dit verdriet altijd als het om liefde en nabijheid gaat.

A: De illusie is, dat je ervan afgescheiden bent. De illusie is, dat je op jezelf staat: een persoon die afgescheiden is van liefde.

V: Ik voel zo'n verlangen.

A: Ja, dit verlangen hoort bij de droom van afgescheiden zijn. Het is het verlangen van het leven naar zichzelf. En toch: er is geen scheiding. 'Ik ben', is denkbeeldig. Zo beschouwd ben je al liefde, precies zoals je bent. Maar er is niemand die dat ervaart.

V: Dat is nou jammer. (lacht)

A: Om liefde te zijn, hoeft liefde zichzelf niet te ervaren. Om te zijn zoals het is heeft 'wat is' geen behoefte aan zichzelf. Dat is de vreugde.

V: En een lichtheid.

A: Ja, 'wat is', is volkomen vrij. Het stelt geen voorwaarden – het hoeft niet vrij noch begrensd te zijn, niet goed, noch slecht, niet verlicht noch onverlicht. Dat is de vrijheid. Het kan dàt zijn, wat het is. Het heeft niet eens een ervaring van zichzelf nodig.

V: Heeft het dan bewustzijn?

A: Ja en nee. Er is geen afgescheiden bewustzijn, maar je zou kunnen zeggen dat eenheid verschijnt als bewustzijn. En toch is het ook geen zelfstandige entiteit, maar gewoon dat, wat schijnbaar gebeurt. Bewustzijn en gewaarzijn zijn denkbeeldig, en daarmee eenheid zelf. In de droom van 'ik ben' zijn bewustzijn en gewaarzijn echte entiteiten die 'ik ben'. Enkel in bewustzijn en enkel in gewaarzijn te leven, betekent dat je jezelf ervaart als 'iets'. Precies dat is de droom: jezelf te ervaren als iets, dat helemaal niet bestaat als iets – er bestaan namelijk geen echte entiteiten 'bewustzijn' of 'gewaarzijn'.

's Morgens

V: Ik heb een vraag. Ik probeer soms 's morgens gewaar te zijn voor het ik ontwaakt. Soms kan ik dan direct waarnemen hoe het zichzelf weer samenstelt. Toch kan ik er niets tegen doen en heel snel ben ik er weer helemaal.
A: Ja, dat klopt. Overigens ben je al eerder wakker. Zodra het gewaarzijn ontwaakt, ontwaakt er iemand. Dat wil zeggen: degene die zichzelf ervaart als waarnemend gewaarzijn, is al geboren. Daarna kun je alleen nog maar toekijken hoe de identiteit zich organiseert, inclusief het verhaal.

V: Maar ik kan er helemaal niets aan doen.

A: Nee, natuurlijk niet. Het verschijnen van gewaarzijn is dat, wat schijnbaar gebeurt. Niemand kiest ervoor te verschijnen. Het is eenheid zelf, dat verschijnt als gewaarzijn, c.q. afgescheidenheid.

V: Het verschijnen van gewaarzijn.... Hm?

A: Natuurlijk verschijnt er niet echt iets – het is een schijnbaar verschijnen. Dit gewaarzijn is in feite niet iets wat afgescheiden is. Het verschijnt niet echt.

V: *Ja, dit 'verschijnen' heb ik niet begrepen geloof ik.*

A: Dat kan zijn. Met 'verschijnen' bedoel ik niet een echt proces van verschijnen. Dan zou het scheppen zijn, een echt komen en gaan. Maar er komt en gaat niets. Niets verschijnt. Wat is, is niet-iets, dat verschijnt als dat, wat schijnbaar gebeurt. Wat is, is echt en onecht, maar er is geen ervaring van komen en gaan.

V: *Sommigen zeggen toch dat dingen niet echt zijn, omdat ze komen en gaan.*

A: Ja, maar er zijn helemaal geen dingen die kunnen komen en gaan. Het beleven van komen en gaan komt uit een persoonlijke ervaring. In de tijdgebonden ervaring van 'ik ben', komen toestanden en ervaringen en gaan weer. Een schijnbaar wijs mens zou uit zijn ervaringen kunnen concluderen, dat hij zich voor zijn geluk niet moet hechten aan het vergankelijke. Dat kun je wijsheid noemen, maar het komt uit persoonlijke ervaring. Er is geen komen en gaan. Er zijn geen dingen en geen echt tijdsverloop. Dat, wat gebeurt, is echt en niet echt, terwijl het schijnbaar gebeurt. Er wordt niets gecreëerd. Niets verschijnt. Dat is de verrassing: niets bestaat als 'iets'. Wat hetzelfde betekent als: er is geen schepping.

V: *Wow!*

A: Ja, absoluut.

Voorbestemd

V: Sommige leraren beweren dat alles voorbestemd is.

B: Hoe kan iets voorbestemd zijn als er geen verloop van tijd is?

V: Hm.

A: Het is al een interpretatie van het schijnbare ik. Ja, dat wat schijnbaar gebeurt, is absoluut bedoeld, te zijn zoals het is. En 'bedoeld' klinkt dan al heel betekenisvol. Het is gewoon zoals het is. Zonder reden. Als je dat verpakt in een verhaal kun je er een verhaal over voorbestemming mee knutselen. Wat is, is tijdloos. Niet voorbestemd, noch toevallig, noch vloeiend, noch stilstaand. Wie wil zichzelf in zekerheid wiegen met deze voorbestemming? Niets is zeker. Jawel, wat is, is. Daar is niets aan toe te voegen.

Kloppend

V: Waarom is er afgescheidenheid?

A: Die is er niet.

V: Waarom is er dan de 'ik'- ervaring?

A: Er is geen 'ik'-ervaring. 'Ik ben' is niet echt en het is nooit echt geweest. Het is eenheid dat verschijnt als het beleven 'iemand' te zijn. Waarom? Zonder reden. Ook 'ik ben' verschijnt voor niets en niemand.

V: Er is geen reden?

A: Nee. Zoals ik zei: het bestaat niet eens. Wat is, heeft geen reden nodig om te zijn wat het is. Dat is de vrijheid.

V: Kent het moraal?

A: Nee. Wat is, is immoreel. Het is niet goed noch slecht en het ontwikkelt zich niet. Het is eenvoudig – en wel dat, wat het is.

V: Sommigen beschrijven het als absolute liefde? Dat snap ik nog net.

A: Ja, vrijheid is liefde. De verrassing is, dat wat is klopt, als er niemand is die ervaart. Natuurlijk klopt het ook als er wèl iemand is – alleen ervaart die het niet zo. Dit absolute kloppen kunt je als liefde beschouwen. Er zijn geen voorwaarden.

V: Aha...ja.

A: Het wonder is, dat het klopt zoals het is – en niet zoals het schijnbare ik zich voorstelt bij 'kloppend'. Het stelt voorwaarden. "Pas als het zo en zo is, is het goed.", enz. Dat is de droom. Wat is, is onvoorwaardelijk zoals het is. Het is vrij.

V: Ervaar jij het zo?

A: Wie moet het ervaren? Niemand ervaart het. Het is de natuurlijke realiteit. Voor het 'ik ben' is het in zijn beleving ontoegankelijk, hoewel hij het ook is! Bevrijding is het einde van de ervaring niet kloppend te zijn. Wat blijft, is kloppend zijn, maar voor niemand.

Geen mensen

"Leerling: Wat gebeurt met mensen als ze bij jou komen?
Zen meester: Dan zijn het geen mensen meer."
(onbekend)

V: Het wordt steeds moeilijker voor me een verhaal over mezelf overeind te houden. Het is allemaal zo verward en chaotisch. Ik hou het gewoon niet meer bij.

A: Ja, dit verhaal is een droom. Het bestaat niet. Het hoort bij het beleven 'iemand' te zijn. Het schijnbare ik ervaart zichzelf als iets wat echt is. Het leeft in zijn persoonlijke verhaal, vergelijkt die steeds weer met de feitelijke situatie, vernieuwt het en vertelt het – aan zichzelf en iedereen die het wil horen. Het leeft in de illusie van continuïteit. Het ik bestaat niet, noch het verhaal, noch het bestaan van continuïteit.

V: Ik weet helemaal niet meer wie of wat ik ben. Ik weet helemaal niet meer wat het betekent 'mens' te zijn.

A: Ja, natuurlijk. Mensen bestaan niet. Er is niemand. Dat er 'iemand' is, is de droom. Bevrijding is niet het ontwaken uit de droom – het is het einde ervan.

V: Het lijkt ook alsof het ik voortdurend een beeld heeft van zichzelf. En het probeert dat beeld overeind te houden.

A: Ja, 'zoals ik ben' hoort bij het verhaal. Het schijnbare ik probeert zich naar dat beeld te gedragen, zodat het klopt. Het veronderstelt inderdaad, dat het een echte entiteit is, een echt mens, die bestaat in tijd en ruimte.

V: Ik begrijp er echt niets meer van.

A: Ja, natuurlijk. Wat moet je?! Het is allemaal niet echt.

V: Ik merk ook hoe ik deze boodschap wil gebruiken om mijn leven beter te maken. Om er doorheen te komen zeg ik voortdurend tegen mezelf zinnen als: "Dit is alleen maar wat gebeurt". Soms werkt het ook.

A: Ja, net als elke methode schijnt het korte tijd te werken. Natuurlijk functioneert het niet echt – ook deze methode heeft voortdurend werk nodig.
Ieder moment van geruststelling lijkt meer op een moeizaam vissen naar het volgende moment. Dat is oké, maar heeft niets te maken met deze boodschap. En ja, het schijnbare ik gebruikt deze zinnen ook en probeert ze te gebruiken.

V: *Ja, ik gebruik ze om heftige gevoelens uit de weg te gaan.*

A: Ook dat is oké, maar het heeft niets te doen met wat hier gezegd wordt. Ja, er is 'slechts' dat, wat schijnbaar gebeurt. Ook je poging het uit de weg te gaan is dat, wat schijnbaar gebeurt. En toch is deze poging denkbeeldig, simpelweg omdat jij denkbeeldig bent. Er bestaan geen mensen, geen verhalen, geen continuïteit. Er is helemaal geen echt tijdsverloop. Niets gebeurt. Nog beter: niet-iets.

V: *Sommige leraren adviseren 'in het moment'-zijn.*

A: Wie moet dat doen?! In welk moment dan?! Ook hier: daar is niks mis mee, maar het komt niet overeen met deze boodschap. Jij bestaat niet, noch een moment waarin je kunt zijn. Het is niet relevant.

V: *Maar niet voor mij.*

A: Ja, dat klopt. Voor jou niet. (lacht)

De dood

V: *Wat is sterven?*

A: Een illusie.

V: *Bestaat de dood?*

A: Nee, de dood bestaat niet. Hij kan niet bestaan, want er bestaat niemand die in leven is. 'Ik ben' is de droom. "Ik heb een leven" en "Ik zal sterven", is de droom. Omdat deze aanwezigheid denkbeeldig is, is het sterven ervan dat ook.

V: *Het thema 'dood en sterven' houdt me erg bezig.*

A: Ja, vanuit het standpunt van het ik, is 'sterven' natuurlijk iets formidabels, een reusachtige berg waar het voor staat. 'Zijn leven' is het enige wat het schijnbare ik schijnbaar heeft. Vanuit die plek eindigt met zijn leven alles wat de moeite waard is. Het heeft geen toegang tot het feit dat leven en sterven verbeelding zijn.

V: *Ja, zeker.*

A: De kern van het 'ik' is nu eenmaal, zichzelf te ervaren als deze 'iemand' die in leven is. Dat is zijn enige realiteit. Daarom is het leven ook zo belangrijk.

V: *Denk jij dat het daarom zo graag wil overleven?*

A: Ja, 'mijn leven' is alles wat het schijnbare ik heeft. Overigens geloof ik dat het schijnbare ik op het moment van zijn dood denkt: "Halt! Stop! Er moet nog wat komen. Dit kan niet alles zijn geweest." Het is ervan overtuigd dat er nog iets volgt. Dat is de verborgen hoop op bevrijding.

V: Ja, iets moet er nog komen. Ik heb ook nog zoveel plannen.

A: Ja, maar er komt niets meer. De illusie dat er nog iets volgt, hoort bij het ervaren van 'ik ben'. Dat ervaart zichzelf in tijd, die als zodanig helemaal niet bestaat. En omdat dat, wat het beleeft, ontoereikend schijnt, gaat het ervan uit dat het echte nog moet komen. Als ik dus nu zou sterven, zou ik nooit gelukkig zijn geweest. Ook daarom is het voor het schijnbare ik heel belangrijk om te overleven. Het wil graag vervuld aftreden.

V: Gaat dat dan?

A: Dat is juist de grap: 'ik ben' zal nooit vervuld aftreden, op de manier waarop het hoopt. Gelukkig is het niet echt…(lacht) 'Ik ben' kan niet anders dan eenheid over het hoofd zien. Omdat het niet echt is, kan het ook niets missen.

Aangekomen

V: Andreas, ik word hier helemaal op mezelf terug geworpen. Dat voelt ergens goed, maar ook ongewoon – verwarrend.

A: Ja, dat is het meest existentiële dat 'ik ben' kan ervaren: volledig op zichzelf terug geworpen te zijn. "Hier steh ich nun, ich armer Tor und bin so schlau als wie zuvor". (uit 'Faust', van Goethe, vertaling: "Hier sta ik nu, ik arme dwaas, nog net zo dwaas als altijd").

V: Alsof ik weer bij het begin ben.

A: Ja, er is niets gebeurd. Alle ervaringen en alle ideeën over wat er met mij is gebeurd, waar ik nu sta, hoe ver ik gekomen ben, allemaal bouwvallig. Niets daarvan is ooit gebeurd. Wat gebeurt in dit 'op zichzelf terug geworpen zijn', is dat dit verhaal voor een moment bezwijkt. Wat blijft, is je aanwezigheid.

V: Maar dat is toch nog in het verhaal.

A: Ja, natuurlijk. Dat is letterlijk je uitgangspunt: 'Hier ben ik', vrij zwevend in de ruimte, hier, nu, als ervaarbare, waarneembare aanwezigheid.

V: Dat ben ik.

A: Ja, dat is 'ik ben'. Zonder verhaal kan het ook iets prettigs hebben. Een diepe ademteug, een pauze van de moeilijke alledaagse verhalen en gedachten. Hier zijn geen boetes, geen tegenstrijdigheden, niets. Natuurlijk alleen maar tot het moment dat 'ik ben' weer terugkeert naar zijn verhaal.

V: Maar kan ik hier niet blijven?

A: Nee, natuurlijk niet. Het ik gaat volledig automatisch terug naar zijn verhalen. 'Hier' te kunnen blijven is de droom van het schijnbare ik – net zoals de droom van veel spirituele leraren. Maar het 'zonder verhaal'-zijn is geen bevrijding. Het is een korte adempauze van het persoonlijke verhaal binnen het ervaren van 'ik ben'. Dat is prettig – een tijdje. Maar na een poosje komt het verhaal vanzelf terug. Dat moet zo zijn, c.q. is eenvoudig zo. Heel eenvoudig, omdat ook de pure aanwezigheid van 'ik ben' onplezierig is. Het is de puurste ervaring van aanwezigheid en daarmee ook de puurste ervaring van afgescheiden zijn. Natuurlijk komt de verdeeldheid weer terug. Dat moet. Sommige spirituele leraren leren je dan, via aandacht weer hier terug te komen. Het idee is, dat je dat kunt oefenen, zodat je steeds meer 'hier' kunt zijn.

V: Ja, ik oefen dat.

A: En? Lukt het?

V: Nou, het heeft me nooit tot een succesvol einde gebracht.

A: Natuurlijk niet. Dat kan het helemaal niet. Zowel het pure hier-zijn als het zich compleet verliezen in het verhaal, maken deel uit van de ervaring van 'ik ben'.
Beide zijn 'het' niet. Geen van beide is bevredigend. Deze aanwezigheid – puur of verdeeld – is de droom. Deze aanwezigheid bestaat niet als echte aanwezigheid. Het is de droom – zoals ook iedere beweging dat is. Niets gaat 'heen en weer', niets gaat 'naar binnen en naar buiten'. Aandacht is een verhaal. Wie is aandachtig? Wie leeft in persoonlijk gewaarzijn? Natuurlijk het schijnbare ik. Hoe verleidelijk deze spelletjes ook zijn, ze zijn niet meer dan dat: spirituele spelletjes. Ze maken deel uit van de droom van 'ik ben'. Als 'jij' sterft, sterven zij ook. Natuurlijk alleen maar schijnbaar, want er is niets dat kan sterven. Dat is het wonder.

Vrijwillig

V: Je zegt vaak, dat 'ik ben' voortdurend zoekt en lijdt. Hoe zit het dan met mensen die relatief gelukkig zijn? Veel mensen maken het toch relatief goed. Ze zijn gelukkig en zoeken doen ze ook niet echt.

A: Ja, dat klopt. De ervaring 'iemand' te zijn, is voor de meeste mensen heel subtiel, c.q. absoluut normaal. Ze leven daar heel goed mee – schijnbaar. Het is namelijk dat, wat schijnbaar gebeurt en geen verdienste van het schijnbare ik, dat op die manier beleefd wordt. Maar ja, voor de meeste mensen schijnt het 'ik ben' geen probleem te zijn.

V: En ze zoeken ook niet. Ze leven gewoon hun normale leven.

A: Maar dat zou ik niet beweren. Het zoeken is verdeeld en gaat hoofdzakelijk over het jongleren met alle projecten: baan, carrière, familie, kinderen, bouw van een huis, de affaire. Het is het zoeken in statussymbolen, moraal, veiligheid, gewoon heel het normale leven.

Maar als er problemen ontstaan, slaat de vertwijfeling al toe. In de spirituele zoektocht schijnt de zoekende energie zich meer te concentreren. Maar de ervaring van 'ik ben iemand', die meer kan en moet doen voor een betere toekomst, hoort gewoon bij de ervaring van 'ik ben' – en zodoende ook bij de ervaring van 'gewone' mensen. Er is geen 'ik' dat niet zoekt.

V: Ben ik dus al heel ver op weg? Waarom zit ik dan hier?

A: Het is dat, wat schijnbaar gebeurt. 'Jij' zit niet hier omdat je gevorderd bent, maar omdat er niemand is en omdat je geen keus hebt. Als jij er zou zijn en je zou een keuze hebben, zou je hier niet zijn.

V: Nou ja, ik ben hier wel graag.

A: Maar er is hier niets. Niemand komt vrijwillig naar deze bijeenkomsten, alleen wie niet anders kan, blijft hier hangen. Zo lang er nog ergens hoop zou wenken, zou je daar zijn.

V: Ja, dat klopt. Er is niets dat me echt trekt. Ik kom helemaal nergens meer.

A: Ja, alle hoop is vervlogen.

V: Bijna.

A: Oké, dan sterft hier de rest. (lacht)
De dood van 'ik ben' is geen keuze. 'Ik ben' verdedigt zich daar met alle macht tegen. Zolang het kan, zolang het daarbuiten of daarbinnen iets vermoedt, zal het daarvoor gaan. Maar ja, alles is leeg. Er is geen hoop, en tegelijkertijd is er geen ontkomen aan.

V: Maar ik ben hier toch ook graag.

A: Ja, geen hoop hebben, is vrijheid. Geen illusie te hebben van een aanbod dat geserveerd wordt, is vrijheid. De hoop op vervulling en de illusie dat dit verlangen vervuld moet worden, is de droom. Ieder aanbod giet olie op het vuur van de zoektocht. Dat hele patroon zou je als pijnlijk kunnen benoemen, tenminste vanaf het moment dat het niet meer werkt. Zolang de illusie er is dat 'ik het kan bereiken', wordt over het hoofd gezien hoe pijnlijk dit hele spel van hoop en zoeken, krijgen en schijnbaar vinden, in feite is. Dat patroon niet te erkennen is vrijheid. Er is niets te vinden. Er is niets te doen of te laten. Er is niets verloren. De 'verdwaalde' heeft nooit bestaan.

V: Dat is zo mooi.

A: Ja, dat is zo.

Glimpen van ontwaken

V: Ik heb intussen zoveel begrepen en zoveel glimpen van ontwaken gehad, maar de grote knal blijft uit.

A: Een glimp is geen bevrijding. Omdat er niets is wat echt is, kan er ook geen echte glimp zijn. Het gebeurt, maar het heeft geen betekenis.

V: En ik dacht dat ik op de goede weg was.

A: Ontwikkeling hoort bij de droom van 'ik ben'. Achter elke glimp, die het schijnbare ik toch als echt beleeft, gaat het vermoeden schuil, dat het een belangrijke stap in de richting van het doel is en tenminste een echt 'beter' tot gevolg heeft. 'Ik ben' ziet over het hoofd dat de schijnbare gebeurtenis van dit inzicht niets en alles is, geen doel en geen betekenis heeft.

V: Ja, na elke glimp dacht ik: "Weer een stap".

A: Het schijnbare ik leeft in de illusie van ontwikkeling. Het veronderstelt dat elk 'beter' optelt tot de som van 'goed'. Dat is de droom.

V: Maar is er dan geen 'beter'? Tenminste schijnbaar?

A: 'Beter' is denkbeeldig. Er bestaat geen echt 'beter' – dat kan helemaal niet omdat dat, wat is, al absoluut 'goed' is.

V: Is alles dan altijd goed?

A: 'Goed' is een moeilijk woord. 'Goed' en 'slecht' bestaan gewoon niet als zelfstandige werkelijkheden. Dat is alles.

Misverstand

V: De laatste tijd steken steeds weer conditioneringen de kop op, en ga ik voluit het verhaal in. Dan denk ik dat ik het weer kwijt ben. Ik had steeds weer zulke mooie periodes van stilte en die zijn dan meteen over. Tegelijkertijd merk ik dat ik het helemaal niet kan sturen.

A: Ja, dat klopt. 'Het verhaal ingaan' is dat, wat schijnbaar gebeurt. Wat geeft dat?! Wie maakt er zich druk om?! Het schijnbare ik, dat graag verlicht zou worden, zou liever zien dat je stil op je meditatiekussen zit. Het is absoluut een wonder dat dàt is, wat verschijnt.

V: Het is echt een wonder. Het past zo totaal niet bij mijn beeld van ontwaken.

A: Natuurlijk niet. Het schijnbare ik gelooft in een persoonlijk ontwaken en heeft heel veel ideeën over hoe dat eruit zou moeten zien, c.q. zou voelen. Dat is de droom. Er bestaat namelijk helemaal geen ontwaken op de manier, waarop het schijnbare ik dat vermoedt.

V: De laatste tijd heb ik non-dualiteit gebruikt om dat wat opkomt niet in te willen zien.

A: Dat kan gebeuren. Het schijnbare ik zal ook proberen deze boodschap te gebruiken als uitweg. Wat natuurlijk mislukt. Er bestaat helemaal geen non-dualistische levenswijze of methode. Dat is totaal stompzinnig. Maar ja, dat is zoals het schijnbare ik leeft: het hoort deze boodschap, denkt het te begrijpen en probeert overeenkomstig te handelen. "Conditioneringen zijn niet echt?
Dat betekent dat ik ze niet meer zou moeten hebben." Maar wat schijnbaar gebeurt, laat iets anders zien: 'ik ben' stort voortdurend in door het beeld dat het heeft van eenheid en door dat, wat schijnbaar gebeurt.

V: Dat is echt waanzinnig vrij.

A: Ja, absoluut. Er is geen goed en fout. 'Ik ben' leeft in zijn ervaring. Het kent niets anders. Het leeft in begrijpen, maar elk begrijpen is denkbeeldig. In verband met deze boodschap is elk begrijpen een misverstand.
En 'misverstand' is dan ook 'mis-te-verstaan'. (lacht)

Er is geen einde

V: Soms zeg je dat er geen einde is. Dat vind ik heel heftig, omdat ik in mijn zoeken hoop op een einde.

A: Ja, er is geen einde. Er is geen einde, omdat het nooit begonnen is. Schepping is denkbeeldig. Dat moet betekenen dat er geen echte schepping is. Schepping en bron zijn één – onafscheidelijk. Om ze te scheiden, in het absolute en het relatieve, heb je een verhaal nodig over twee echte bestaansvormen in tijd en ruimte.

Er is geen einde van 'ik ben', omdat 'ik ben'' nooit bestaan heeft. Er is geen aankomen, want er is niemand onderweg.

V: Maar veel spirituele leraren zeggen dat ook.

A: Ja, dat klopt, maar velen zeggen het uit eigen ervaring. Daar bestaat het einde echter niet. Omdat er nooit echt iets bestaan heeft, maar ook omdat de ervaring 'onderweg te zijn', niet eindigt. Juist daarom kan 'iemand' die al 50 of 60 jaar op een spiritueel pad zit, zeggen dat er geen einde is. Omdat er voor hem geen einde is.

V: Zo ervaar ik het ook. Maar ik zoek het einde.

A: Ja, natuurlijk. 'Ik ben' ervaart zichzelf als aanwezig en in tijd. Voortdurend gebeurt er iets. Steeds gebeurt er weer iets nieuws, waar ik dan weer anders mee moet omgaan. Zelfs in schijnbaar spiritueel meesterschap blijft de ervaring van een weg, een verloop, een ontwikkeling. En omdat het in de persoonlijke ervaring nooit eindigt, kan dat ook hier leiden tot de uitspraak dat er geen einde en geen definitief aankomen is. Sommigen zien dat als wijsheid. Het kan tot op zekere hoogte ook als bevrijdend en troostend worden ervaren. Het geeft de zoeker de vrijheid niet te hoeven eindigen. De schijnbaar spirituele leraar geeft je toestemming verder te zoeken, c.q. niet te hoeven sterven. Hij zegt: "De weg is het doel", of "Je kunt gerust blijven zoeken tot Sint Juttemis, want dat doe ik ook". Wat een grap! In de persoonlijke ervaring is er geen einde, omdat de ervaring van onderweg zijn niet eindigt. In bevrijding is er geen einde, omdat niets ooit echt begonnen is. Bestaan is illusie.

V: Wil je daarmee zeggen dat alles een illusie is?

A: Nee. Ik zeg niet dat dat, wat gebeurt, een illusie is. Het is verbeelding. Je zou ook kunnen zeggen dat het echt en onecht is. Het is en het is niet.

V: Dat kan ik gewoon niet begrijpen.

A: Ja, dat is niet te begrijpen. 'Ik ben' ervaart alleen 'echt'. 'Echt' en 'onecht' blijft voor hem verborgen. Niet als idee, maar in de ervaring. Dat, wat schijnbaar gebeurt, is eenheid. Wat gebeurt, is geen illusie – het is 'het'. De illusie is, dat het iets echts is. De illusie is, dat dit moment een echt gebeuren in tijd en ruimte is, namelijk dat het hier en nu echt plaats vindt. Dat er een grens is naar een 'ervoor' en 'erna' en naar 'daar'.

V: Sommigen zeggen toch ook, dat dit moment het enige is wat er is.

A: Ja, en dan moet je daar in zien te komen…(lacht) Dat moment bestaat niet. Het schijnbare ik ervaart een moment in tijd en ruimte – schijnbaar! – en zoekt nu naar een manier het voor zichzelf 'heel' te maken. Eén idee is om heel aanwezig te zijn en het zo intens mogelijk te beleven. Vanuit de optiek van het schijnbare ik, is dat idee uitvoerbaar. "Hoe meer ik aanwezig ben, hoe meer ik ervaar, hoe voller mijn ervaring wordt. En als ik er ooit helemaal ben, is mijn ervaring altijd perfect". Wat een droom!

V: Dat wordt toch ook zo onderwezen. We moeten toch helemaal in het hier en nu zijn.

A: Ja, maar het is een verhaal. Als iemand je zou aanraden aanwezig te blijven in het moment, krijg je het advies aanwezig, dus afgescheiden te blijven. Persoonlijke aanwezigheid is verbeelding. De poging meer aanwezig te zijn, is een methode, een kunstmatige situatie binnen de 'ik ben' ervaring. Het kan interessant zijn voor even, maar vergt ook voortdurend werken. Het is niets anders dan de hel, precies zoals het advies 'bewust' te zijn.

V: Dat klinkt alsof het 'ik' slecht is.

A: Nee. 'Ik ben' is niet slecht - het is toch niet eens echt. Vanuit het standpunt van het schijnbare ik, dat verlicht wil worden, maar dat door zijn aanwezigheid vermijdt, kan het klinken alsof het niet zo zou moeten zijn. Het dilemma is dat er sowieso geen verlichting bestaat. 'Ik ben' vermijdt in die zin dus ook helemaal niets. En toch: zichzelf als 'iemand' te ervaren, is denkbeeldig. Het schijnbare ik heeft simpelweg geen toegang tot het feit, dat het hele drama van de zoektocht naar volmaaktheid ook denkbeeldig is. Overigens blijft er geen verlichtende ervaring over als dit patroon eindigt, maar simpelweg geen enkele ervaring. Het wonder is, dat dat dan alles is.

V: *Zeker. Voor mij klinkt 'geen ervaring meer' absoluut saai en oninteressant.*

A: Ja, natuurlijk. Het enige wat 'ik ben' schijnbaar heeft, is zijn ervaring. Het kent alleen zichzelf en de mogelijkheid te ervaren. Wat het zoekt, is niet bevrijding, maar een absolute ervaring. Niets meer te ervaren, zou voor het schijnbare ik de hel zijn. Het zou een totaal verlies zijn. Maar bevrijding is niet alleen het einde van ervaren, maar ook het einde van degene die ervaart. Wat overblijft is niets – in de zin van 'niet iets bepaalds' – en alles.

Twee werelden

V: *Je spreekt vaak over twee realiteiten – de 'ik ben' realiteit en de natuurlijke realiteit. Hoe gaat dat dan samen met het feit dat er geen scheiding is?*

A: Er zijn geen twee realiteiten. Er is geen kunstmatige 'ik ben' realiteit, die gescheiden zou zijn van de natuurlijke realiteit. Dat er twee realiteiten zijn, hoort al bij de droom van 'ik ben'. De ervaring, een zelfstandige realiteit te zijn, bestaat gewoon niet echt.

V: *Hoe kan ik dat dan ontdekken?*

A: In die zin helemaal niet. Degene die het wil ontdekken, is de schijnbare gescheiden werkelijkheid. Eenheid valt niet te ontdekken

– het is alles.

V: *Wat kan ik dan anders doen?*

A: Die vraag is helemaal niet relevant, oftewel, hij hoort bij een realiteit die als zodanig helemaal niet bestaat. 'Ik ben' kan hier totaal niets mee beginnen. Niet alleen omdat het niets in handen krijgt, maar het wordt niet eens erkend als realiteit. Het krijgt niets, helemaal niets. Spannend genoeg is niets krijgen zijn natuurlijke ervaring. Elk krijgen is denkbeeldig en stilt de honger naar eenheid maar voor heel even. Om precies te zijn: de honger naar eenheid wordt niet eens voor een ogenblik gestild. De vreugde van het schijnbare ik bij het bereiken van een doel creëert een korte 'high'. 'Ik ben' wordt 'high' van het verhaal: "Nu heb ik het."

V: *En dat zoekt het dan steeds opnieuw?*

A: Ja, ergens is dat zo. Het vermoedt dat eenheid een onafgebroken heel goede ervaring is. Omdat ervaring het enige is dat het 'ik ben' kent – 'ik ben' bestaat er enkel uit, te ervaren – zoekt het eenheid in een ervaring. Elke goede ervaring lijkt zodoende een juiste stap richting verlichting, vervulling of bevrijding. Op dit verhaal – "het is me gelukt, ik ben weer een stap dichterbij"- surft 'ik ben' voor een kort ogenblik. De illusie is dat elk 'beter' op de een of andere manier optelt tot een uiteindelijk 'goed'. Dit 'goed' zal nooit komen – het hoort bij de droom van persoonlijk aankomen.

Intuïtief begrijpen

V: *Andreas, kan het zijn dat ik dit nooit zal horen?*

A: Ja, dat kan. Huang Po spreekt over: "Het intuïtieve begrijpen van de ene Geest." Het ´intuïtieve begrijpen´ is dat, wat schijnbaar gebeurt, en het volgt geen regelmaat. Het kan niet gedaan worden, en het is niet te voorkomen. Spannend genoeg is dit 'begrijpen' niet het resultaat van een voorgelopen pad, ook als het zo lijkt.

V: Dat zou precies mijn volgende vraag zijn geweest. De meeste mensen waarover ik gehoord heb, met wie dit is gebeurd, hebben een spirituele voorgeschiedenis. Misschien is het dan toch goed om te zoeken?

A: Nou ja, iedereen die het verhaal over het einde van het 'ik' vertelt, was blijkbaar iemand en heeft natuurlijk gezocht.

V: Maar ook spiritueel?

A: Dat is gewoon wat schijnbaar gebeurt. Toch is het geen echte voorwaarde. Ik ken persoonlijk een paar mensen die vóór hun eerste ontwaken, het eerste gat in hun ervaring, geen spirituele voorgeschiedenis hadden, maar vanaf dat moment zochten. Een ontwaken kan een grote impact hebben omdat het de eerste keer zo anders is dan de dagelijkse 'ik ben' beleving. Dat daar dan onderzoek op volgt, is begrijpelijk. Maar voor veel mensen blijft het bij één of meer zogenaamde ontwaak ervaringen - ook de aansluitende zoektocht leidt niet automatisch tot het 'horen' van deze boodschap.

V: Kan die dan gehoord worden?

A: Nee, niet echt. Dat 'horen' is een heel stuntelige beschrijving, want het klinkt als een echt proces, net als het 'intuïtieve begrijpen' van Huang Po. Het schijnbare einde van 'ik ben' heeft geen behoefte aan het horen van deze boodschap. Het is niet nodig naar deze bijeenkomsten te komen, boeken te lezen of wat dan ook. Maar als dat is, wat schijnbaar gebeurt, is het dat, wat schijnbaar gebeurt. Het is ook niet verkeerd naar deze bijeenkomsten te komen. Het is eenheid zelf, dat verschijnt als dat.

V: Ramana dacht, dat je voor deze realisatie moet werken, maar dat het geen moeite kost.

A: Dat zou ik zo niet zeggen, maar je kunt het beslist zo zien. 'Werken' is natuurlijk niet nodig , maar zo lang er iemand is, zal er zeker gewerkt, c.q. gezocht worden. In zoverre is de vraag of werken nodig is niet echt relevant. Het idee voor verlichting te moeten werken, verdampt samen met degene die werkt. Daarna is het moeiteloos, omdat er niemand is die zoekt, noch een realisatie. Er valt helemaal niets te realiseren. Dat, wat is, is al voor honderd procent gerealiseerd. Dat er een toegevoegde persoonlijke realisatie nodig is, maakt deel uit van de droom van 'ik ben'. Persoonlijke realisatie is niet mogelijk, noch nodig, omdat het de persoon is, die denkbeeldig is. Als deze persoon oplost, lost daarmee het idee op, iets te moeten realiseren.

Ego verliezen

V: *Ik zou zo graag mijn 'ik' verliezen.*

A: Nu praat je al over twee 'ikken' en er is er niet eens één. (lacht) Niemand heeft een ik, daarom kan ook niemand een ik verliezen. Ook de ervaring 'iemand' te zijn, verschijnt voor niemand. Ook het ervaren van 'ik ben' is eenheid, dat verschijnt als dàt. Niemand doet 'ik ben', niemand heeft 'ik ben', en niemand kan 'ik ben' voorkomen. Toch hoort het idee dat 'ik ben', er niet zou moeten zijn, bij de droom van 'ik ben'. Het is namelijk 'ik ben' dat uitgaat van een echte aanwezigheid.

V: *Er is geen ontkomen aan.*

A: Ja, absoluut. Er is geen ontkomen aan dàt, wat schijnbaar gebeurt. Er is geen ontkomen aan, omdat het alles is.

V: *Maar ik wil er eindelijk uit!*

A: Ja, 'ik ben' ervaart zichzelf als er in, en omdat het enkel ervaart, blijft het binnen zijn eigen ervaring onvoldoende. Maar het zit er helemaal niet 'in'. De gevangene is denkbeeldig. Hij is er niet als zelfstandige realiteit. Ontkomen is niet nodig.

V: Dan is er toch helemaal geen vrijheid.

A: Tenminste niet zoals het schijnbare ik vermoedt dat het bestaat. Wat is, is vrij te zijn, precies zoals het is. Anderzijds kan het niet anders dan zijn, precies zoals het is. Het is absolute totaliteit en precies dat is de vrijheid. Omdat 'wat is', inclusief jou is, blijft het onmogelijk te ervaren.

Zuivering

In de hoop door te dringen tot de kern, zijn er veel methodes ontstaan als zuivering, transcendentie, het schillen van de ui. Er zijn geen schillen en er zijn geen uien. Er zijn geen lagen en een kern bestaat zeker niet. Er hoeft niets gezuiverd te worden. Menselijk zijn, is niet het vuil op de absolute laag van het zuivere zijn. Niets hoeft gezuiverd te worden van het menselijke bestaan. Niets wordt vuil van het denken of van het ervaren 'iemand' te zijn. Spirituele scholen en verlichtingsleraren prediken het proces, spreken over de weg als het doel, want ze weten niet beter. Ze zijn zelf degenen die op weg zijn, gaan of blijven. Schijnbaar, want ook daar is niemand.

Ruimte en tijd

V: Je zegt soms 'tijdloos' en 'ruimteloos'. Wat bedoel je daarmee?

A: Het ervaren van tijd en ruimte maakt deel uit van de droom van 'ik ben'. Tijd noch ruimte zijn zelfstandige realiteiten.

V: Ja, met tijd snap ik dat wel een beetje. Het is een constructie.

A: Het ervaren van tijdsverloop is denkbeeldig. 'Ik ben' ervaart zichzelf als 'ik ben nu hier'. Het is de eerste persoon – natuurlijk schijnbaar. Zodra er een 'hier' is, is er een 'daar'. Dan is er al ruimte. En zodra er een 'nu' is, is er een 'ervoor' en een 'erna'. Zodra er 'één' is, is er nog iets anders. Maar het eerste 'nu-hier' is al denkbeeldig. Er is geen 'nu-hier'.

V: Dat snap ik wel een beetje, maar niet echt.

A: Ja, het lijkt logisch maar gaat in tegen de ervaring van 'ik ben'. Het kan dit schijnbaar begrijpen en toch ervaart het zichzelf in tijd en ruimte. 'Ik ben' is een energetische ervaring. Begrijpen vindt plaats binnen de ervaring, is denkbeeldig en daarom zinloos. Bevrijding is nu eenmaal niet het begrijpen dat tijd en ruimte niet echt zijn, maar het einde van degene die ervaart. Daarmee eindigt het ervaren van tijd en ruimte vanzelf.

V: En hoe is het dan zonder tijd?

A: Ik heb geen idee. Ik leef niet in een staat van tijdloosheid. De ervaring van tijd wordt niet vervangen door een ervaring van tijdloosheid. Tijdloosheid wordt niet ervaren. Tijd bestaat simpelweg niet. Hetzelfde geldt voor ruimte en ruimteloosheid. Bevrijding is geen ervaring maar het eind van degene die ervaart als centrale entiteit. Degene die ervaart, is de droom – hij heeft geen realiteit.

V: Dat is echt verbazingwekkend.

Gevoelens

V: Hoe ga jij om met gevoelens? Er bestaan zoveel verschillende ideeën over hoe je om moet gaan met gevoelens. Ik heb de indruk dat in Zen gevoelens als problematisch worden gezien.

A: Ja, het schijnbare ik kan gevoelens als bedreigend ervaren. Als ze heel intens zijn, kan het de indruk krijgen erin te verzuipen. Om te overleven, neemt het afstand. In bevrijding is er niemand die gevoelens ervaart als iets dat afgescheiden is. Ze zijn gewoon dat, wat schijnbaar gebeurt en daarmee eenheid zelf.

V: Hoe ga jij er dan mee om?

A: Helemaal niet. Er is niemand die tegen gevoelens is. Er is geen behoefte ze te ontkennen, noch ze op te blazen. Ze worden dus niet onderdrukt en hoeven ook niet bewust te worden uitgeleefd.

V: Dat kan ik me helemaal niet voorstellen.

A: Ja, dat klopt. 'Ik ben' ervaart zijn gevoelens als afgescheiden. Daardoor zijn ze potentieel gevaarlijk, want ze bedreigen de zogenaamde vrede van degene die ervaart. Daarom moet hij leren hoe hij er goed mee kan omgaan. Uit angst te verdrinken in de intensiteit van gevoelens, worden ze meestal onderdrukt.

V: Kan dat leiden tot aandoeningen?

A: Ja, schijnbaar. En het is ook dat, wat kan gebeuren. Gevoelens zijn geen probleem. Ze zijn eenheid, die verschijnt als dat.

V: Ben jij wel eens sentimenteel?

A: Ja, schijnbaar.

Terugkeren?

V: Kan de ervaring van 'ik ben' weer terugkomen?

A: Nee. Als de laatste uitademing gebeurt, wordt duidelijk dat er niemand leeft en niemand sterft. Omdat er niets verdwijnt, kan er ook niets terugkeren.

V: Verschijnt het ik dan nog af en toe?

A: Nee, er verschijnt niks meer af en toe. Maar begrijp me alsjeblieft goed: er is geen ik dat geleefd heeft en is gestorven. Dat zou het verhaal erbij zijn. Er was nooit een 'ik ben'.

V: Is die staat stabiel?

A: Dat kun je wel denken, maar nee, het is geen staat. Samen met 'ik ben' verdampt het ervaren van continuïteit, dus van verloop in tijd.

V: Hoe is dat dan?

A: Dat weet ik niet. Ik kan het je niet zeggen. Ik ben er niet bij.

Voor mij?

V: Ik vraag me af hoe het voor jou is, bevrijd te zijn.

A: Dat is onmogelijk te zeggen. Er is namelijk geen 'voor mij'. Er is niemand die bevrijd is.

V: Je ervaart het dus helemaal niet?

A: Nee. Zoals gezegd, er is niemand die iets ervaart, dus is er ook niemand met de ervaring van bevrijding. Bevrijding is geen ervaring. Het is het einde van degene die ervaart, iemand die als zodanig nooit bestond.

V: Ik kan het dus helemaal niet ervaren?

A: Nee. 'Ik ervaar iets' is de droom. Als die oplost, blijft dàt wat is. Maar wat dat is, is niet te kennen, noch te ervaren. Het einde van 'ik ben', is het einde van 'ervaren'. Wat overblijft, is 'leven'. 'Het' sterft. Schijnbaar.

V: Aha, dus er blijft toch iets over.

A: Nee, met 'leven' bedoel ik niet-iets.

V: Wat is niet-iets dan?

A: In ware zin niet-iets. Het is dat, wat schijnbaar gebeurt. Jij, ik, deze kamer, deze stoelen, tafels, deze gedachten, deze gevoelens – dat is allemaal niet-iets. De droom is, dat het 'iets' is.

V: En de droom?

A: Ook die is niet echt. Hij hoort al bij de droom dat er een echte droom bestaat. Dat is het wonder: er is geen droom. Er is geen ik en geen scheiding. Scheiding is denkbeeldig. Niemand kan ontwaken, en niemand moet ontwaken. De droom is niet echt. Niets scheidt je van dat, wat alles is.

V: En al die tradities dan? Al die methodes, tips en truckjes?

A: Ze ontstaan uit het ervaren van scheiding – een ervaring die geen enkele realiteit heeft. Daarom horen ook al die tradities, methodes, tips en trucjes bij het ervaren. Ze hebben geen realiteit en leiden nergens toe.

V: Maar niets leidt toch ergens heen?

A: Ja, absoluut. Niets kan ergens toe leiden, omdat alles al 'dat' is. Dus er is 'alleen' dat, wat schijnbaar gebeurt – en dat is alles. Natuurlijk moet voor het schijnbare ik dat, wat schijnbaar gebeurt, naar een toekomst leiden. Het wordt ervaren als afgescheiden en is daardoor onbevredigend. Het verloop van tijd hoort gewoon bij de droom van 'ik ben'. Niets leidt tot persoonlijke vervulling. Die bestaat niet.

V: Dat is moeilijk.

A: Ja, het is hondsmoeilijk. Als afgescheidenheid zou bestaan, zou dat betekenen dat je nooit vervuld zou worden. Maar omdat scheiding niet echt is, betekent het helemaal niets.

V: Wow...

A: ja, dat is de schoonheid.

V: Maar ik ervaar het toch als echt.

A: Ja, ook dat is schoonheid.

Einde ervaren

V: Hoe heb jij het sterven ervaren? Wat gebeurde er toen precies?

A: Dat kan ik je helemaal niet precies vertellen. Het dilemma is, dat in het sterven de ervaring zelf sterft, c.q. de illusie, te ervaren. 'Ik ervaar iets', is de droom. De doos is niet een nieuw 'iets', een nieuwe ervaring, maar het einde van ervaren zelf. Het wonder is, dat er in het sterven helemaal niets sterft. Welbeschouwd is er helemaal niets gebeurd. Het is de absolute verrassing en ergens ook de absolute, maar fantastische teleurstelling: de dood bestaat niet en daarmee ook geen bevrijding. Alles is mooi rond en voldaan – en tegelijkertijd slechts dàt, wat het is.

V: *Wat is daar nou zo heerlijk aan?*

A: Het fantastische is, dat er niets ontbreekt. Het fantastische is, dat met de dood van het veronderstelde leven, helemaal niets verloren gaat. Vanuit het standpunt van 'ik ben', is het een absoluut verlies. Het verliest alles, inclusief zichzelf. Het absolute wonder is, dat er helemaal niets verloren gaat.

V: *Oh ja, dat wil ik ook.*

A: Dat is de droom: dat 'ik ben' het kan hebben. In het sterven sterft er dan wel niets, maar er overleeft ook niemand. Dat wil zeggen: niemand ontwaakt in het ontwaken.

V: *Blijft er dan helemaal niets over?*

A: Nou ja, wat blijft, is het onbekende. Niets-iets. Maar voor niemand. Er blijft niemand over die niet-iets ervaart.

V: *En als je zegt dat het rond en voldaan is?*

A: Dat is dan ook voor niemand. Niemand ervaart rond en voldaan. Niemand ervaart 'dat is het'.

V: *En is er dan geen gewaarzijn?*

A: Niets dat een zelfstandige entiteit zou opbouwen. Niets dat iets 'gewaar' zou zijn. Niets dat zich bewust zou zijn van een bepaalde situatie, b.v. dat het enkel eenheid is.

V: *Vertrokken.*

A: Ja, de droom is, dat er 'iets' is, dat zelfstandig, afgescheiden en onafhankelijk is – en juist dat bestaat niet.

V: *Dat is niet voor te stellen.*

A: Ja, natuurlijk. Er bestaat helemaal geen 'dat', dat iemand zich voor kan stellen.

Leraren

V: *Je kraakt leraren altijd zo af. Waarom doe je dat? Er is toch geen 'goed' en 'fout'? Het irriteert me ongelooflijk. Wat heb je tegen methodes?*

A: Ik heb er helemaal niets tegen. Het hoort gewoon bij de boodschap om het spel en het zoeken als denkbeeldig te ontmaskeren. Er zijn geen leraren en er zijn geen zoekers. Er is niets verkeerd met het spel van scheiding – en toch is het denkbeeldig. En dat krijg je hier te horen. Niet omdat het juist is. Niet omdat het beter is. Je hoort dat hier, omdat dat is, wat schijnbaar gebeurt. En ook dat is niet 'fout' noch 'goed''

V: *Betekent dat, dat ik gewoon door kan gaan met mijn training?*

A: Natuurlijk kun je dat doen – c.q. dat kun je gewoon niet. Als het zo verschijnt, zal het zo verschijnen. Zo niet, dan niet. En ja, het speelt geen rol. En ik kan het je ook niet aanbevelen. Er is niemand. Er is niemand afgescheiden en niemand kan één worden. Precies dat is de droom.
En als het schijnbare ik zoekend en vragend naar een leraar gaat en die hem iets geeft – een antwoord, een methode, een praktijk – leeft het op en loopt stralend van vreugde met volle handen weg. Ook de leraar is gelukkig want hij kon iemand helpen. Zijn leerlingen gaan vooruit, enz. In dit spel is er een leraar en een leerling, beiden zijn echt, en beiden hebben een bepaalde positie in het leven, en er is de

val van hiërarchie. Dat is allemaal droom. Als het 'ik' instort, stort dat ook in. Er blijft niets over.

Leraren 2

A: Natuurlijk is het niet te begrijpen. Dan speelt de leer weer een rol: zolang er iemand is, zal die iemand een ingang tot deze boodschap zoeken. Een van die mogelijke ingangen zou weten of begrijpen kunnen zijn. Maar dat wat is, is niet te kennen, noch te begrijpen. Het ik loopt stuk op deze boodschap. Het loopt stuk bij elke poging tot eenwording.

V: Dus de boodschap is helemaal niet zo simpel.

A: Jawel, hij is waanzinnig simpel. Hij is simpel, omdat hij al *is*. Je zou ook kunnen zeggen: "Hij is simpel". Toch zal 'ik ben' het nooit kunnen accepteren. En wel omdat het daar intellectueel niet toe in staat zou zijn. Het zal het nooit kunnen accepteren, omdat het ingaat tegen alles wat het ervaart. 'Ik ben' kan nou eenmaal niet anders, dan zichzelf ervaren als afgescheiden – en echt niet anders. Hoe zou het kunnen accepteren dat het niet bestaat?! Zelfs als het dat idee interessant vindt, en zichzelf als heel slim ziet, zal het nooit 'weten' hoe het is om niet te bestaan. Het zal nooit een ingang vinden naar de eigen onwaarachtigheid.

V: Hm. Dus ik zal nooit één worden?

A: Nee, natuurlijk niet. Wie zou er nou één moeten worden? Er is helemaal niemand afgescheiden.

Goeroe?

V: *Is het belangrijk om naar een meester te gaan om te ontwaken?*

A: Nee. Overigens is die vraag totaal niet relevant, omdat hij een doener veronderstelt, die op een juiste of onjuiste manier toewerkt naar een doel dat helemaal niet bestaat.

V: *Maar helpt het dan niet? Jij hebt toch ook een aantal mensen gezien?*

A: Ja, schijnbaar. Dat is 'mijn' verhaal. En alles wat schijnbaar gebeurd is, was absoluut noodzakelijk, om precies zó te kunnen zijn als het schijnbaar was. Maar: het is een verhaal. Al die verbanden, oorzaken en gevolgen zijn constructies. Ik kan niet echt zeggen dat het gebeurd is omdat ik Tony ontmoet heb.

V: *Het is toch een oeroude methode om naar een goeroe te gaan.*

A: Ja, want niemand kan je helpen. Niets en niemand kan je dood teweegbrengen; het is gewoon dat, wat schijnbaar gebeurt. Er bestaat geen Tony Parsons, noch een Andreas Müller. Dat is de droom: dat ik er ben, dat er een Tony Parsons is, en dat jij er bent. In deze droom bewegen allemaal echte mensen, die in een wereld leven en van alles bereikt of niet bereikt hebben.
Dat is allemaal verbeelding.
Of 'naar een leraar gaan' verschijnt of niet, speelt geen rol, afgezien van het feit dat er sowieso niemand is die kan kiezen. Of 'naar deze bijeenkomsten komen' verschijnt of niet, speelt geen rol. Ook hier is niemand die daarvoor kiest. Dat het gebruikt wordt, is de droom. Dat het verkeerd is ook.

V: *Tja, als dat zo is... (lacht)*

A: Ik kan je niet aanbevelen te komen, en ook niet om niet te komen. Het is allemaal verhaal: "Ik ben hier en kan het goed of fout doen." 'Het fout doen' gaat natuurlijk altijd over een doel, bijvoorbeeld bevrijding. Het gaat altijd uit van de veronderstelling dat jij bestaat. Maar dat is de droom.

V: Hoe kan ik dan ontwaken uit die droom?

A: Niemand kan uit die droom ontwaken. Degene die wil ontwaken, is de droom. Dat er een droom is, waaruit iemand kan ontwaken, is de droom. 'Ik ben' hoopt uit zijn dagelijks bewustzijn te ontwaken in een wakker bewustzijn. Dat is de droom: dat er een toekomstig wakker bewustzijn bestaat. Bewustzijn is denkbeeldig.

V: Jij spreekt ook meer over 'bevrijding'.

A: Ja. Overigens speelt voor mij de naam geen grote rol. Omdat bevrijding het
schijnbare einde van de droom is, kun je het ook aanduiden als ontwaken. Maar niemand overleeft dit ontwaken, dus welbeschouwd bestaat er niemand die ontwaakt is.

V: Sommige mensen noemen je toch ontwaakt.

A: Ja, ik weet het. Voor mij is dat absoluut onmogelijk. Niet uit valse bescheidenheid, zoals sommigen vermoeden, nee, het is simpelweg onmogelijk. Tegenwoordig wordt er veel mee gespeeld, maar ik denk dat het vaak uit persoonlijke ervaring komt, een ervaring van wakker zijn, wat dat dan ook mag zijn. Voor mij klopt het absoluut niet. Ik zie geen verband met deze boodschap.

V: In sommige kringen was het toch absoluut taboe om jezelf ontwaakt te noemen.

A: Ja. Overigens denk ik dat dit taboe eerder berustte op een soort weten, dus op valse bescheidenheid. Toen deze beperking tegen de schijnbare ervaring in ging, ontstond er een soort tegenbeweging. Daar is het dan weer 'in', jezelf ontwaakt te noemen. Dat is zo'n onzin. Bij mij is het niet taboe, het is simpelweg onmogelijk.

V: *Hoe kan het dan zo ver komen?*

A: Er zijn heel veel mogelijkheden, maar ze komen allemaal uit persoonlijke ervaring. Veel schijnbaar ontwaakte mensen, schijnbaar gevorderden, schijnbare leraren en schijnbare 'weet-ik-wat' voor mensen, zitten in een relatief warrig mengsel van uitverkoren zijn, dogma's, spirituele ervaringen, inzichten en een tenminste af en toe opduikende persoonlijke ervaring.
Dat komt dan meestal neer op een grove mix van deze woorden, persoonlijke hulpverlening, betekenisvol zijn, arrogantie, en onechte nederigheid. De spelletjes van goeroe-volgeling zijn daar een voorbeeld van.

V: *"Verlaat je goeroe nooit".*

A: Ja, ga nooit weg bij je goeroe, anders zal je eeuwen, vele levens lang gevangen in de droom ronddwalen en bijna altijd lijden. Klinkt bijna als het christendom, maar je hoort het steeds weer van zogenaamde erkende spirituele leraren.

V: *En wat zeg jij ook weer?*

A: Er bestaat geen droom en geen ontwaken. Scheiding bestaat niet en niemand die afgescheiden is. Er valt niets te bereiken.

Andere goeroe's

V: *Je noemt af en toe andere leraren, b.v. Huang Po. Je was zelf bij Tony Parsons. Hoor je dan bij een traditie?*

A: Nee, niet echt. Deze boodschap volgt geen traditie. Dat, waarover hier gesproken wordt, kan niet van persoon tot persoon doorgegeven worden. Het volgt geen lijn, noch een traditie. Toch schijnt deze boodschap er altijd, c.q. steeds opnieuw te zijn geweest. Het gaat over een zeldzaam, maar fris schijnbaar verschijnen. Het bijzondere aan deze boodschap is, dat die niet uit het bewustzijn komt. Het is geen persoonlijke boodschap. Persoonlijke boodschappen zijn daar juist op gebaseerd: op persoonlijke ervaring, traditie, een weg, het doorgeven van informatie, persoonlijke verantwoording en een idee van persoonlijke vervulling.

V: Die komen toch veel meer voor.

A: Ja, dat is wat je meestal hoort. De meeste mensen ervaren zichzelf als 'iemand' – schijnbaar zowel vroeger als nu. Daarom zijn er ook een groot aantal persoonlijke boodschappen – vroeger en nu. Ik bedoel, hele boekenkasten staan vol met allerlei zelfhulpboeken – van veganistische voeding, tot autobiografieën en de weg naar het snelle geld, tot leven in het in mindfullness gedrenkte hier en nu. Je vindt ook talloze theologische boeken, die inhoudelijk nooit boven de persoonlijke ervaring uitstijgen. En nu en dan flitst er ook een zogenaamde non-duale boodschap tussendoor, hoewel die in feite helemaal niet bestaat. Niet dat het beter zou zijn, of van meer waarde, en toch wordt er iets beschreven, dat schijnbaar voorbij het persoonlijke ervaren ligt, schijnbaar voorbij het ervaren van aanwezigheid.

Energetisch fenomeen

V: Soms zeg je, dat 'ik ben', een 'energetisch fenomeen' is. Maar als ik het nu zo hoor, bestaat dat ook niet.

A: Ja, natuurlijk. Er is geen energetisch fenomeen 'ik ben'. Dat is de droom: dat er 'iets' is. De ervaring van 'ik ben' is dat, wat schijnbaar gebeurt, maar net als alles heeft het geen zelfstandige realiteit. Ook 'ik ben' is onverdeeld dat, wat schijnbaar gebeurt. Het heeft geen eigen essentie. Het bestaat niet.

V: Maar iedereen praat er toch over. Het ik hier, het ik daar.

A: Ja, iedereen praat over iets dat helemaal niet bestaat.

V: Maar jij toch ook.

A: Ja, maar altijd met de toevoeging dat het gaat om een omschrijving. Uiteindelijk een omschrijving van iets, dat niet bestaat.

V: Dat klopt. Ik kan het niet vinden.

A: Ja, omdat het niet bestaat. Het heeft nooit bestaan. Dat is de boodschap: er is geen 'ik ben'. Elke aanwezigheid is denkbeeldig – dat geldt zowel voor de ervaring van 'ik ben', als voor alles dat 'aanwezig' lijkt.

V: Is dan niets echt aanwezig?

A: Nee, niets is echt aanwezig. Er is geen schepping. Dat, wat gebeurt, is zowel echt als onecht. Het is en is niet.

V: Dat is krankzinnig.

A: Ja, vanuit het standpunt van het schijnbare ik is dat zo.

Overal ik

V: Ik begin langzaam te zien waar ik overal een vinger in de pap heb. Dat is echt verbijsterend. Het is praktisch overal. 'Ik' hier, 'ik' daar, 'dat moet ik doen', 'daar moet ik oppassen', 'dat is belangrijk', en ga zo maar door.

A: Ja, 'ik ben' ziet maar één ding: zichzelf. En de droom van het schijnbare ik is, al deze dingen te doen en te zijn. 'Ik ben' doet er geen enkele echt. Het leeft enkel in de illusie verantwoordelijk te zijn voor al zijn handelen.

V: Het is net alsof ik overal alleen maar 'ik' zie.

A: Zoals gezegd: het enige dat 'ik ben' kent, is 'ik ben' en alles wat binnen deze droom gebeurt. Het kent enkel de droom.

V: Dat is echt idioot. Als ik me voorstel dat dat allemaal niet meer bestaat....

A: Ja, wat dan?

V: Ik kan het me helemaal niet voorstellen. Ergens zou er dan helemaal niets zijn... of ik weet het niet eens.

A: Ja, het is niet voor te stellen. Ook in de fantasie eindigt het bij de grens van de droom van aanwezigheid. 'Ik ben' kent nou eenmaal alleen dat, wat te ervaren is. Afwezigheid, c.q. onwerkelijkheid, is niet voor te stellen. 'Ik ben' loopt dood bij de grens van zijn ervaring.

V: Dat is echt zo. Het voelt alsof ik voor een muur sta.

A: Ja, 'ik ben' staat voor de muur van zijn ervaring en vindt geen ingang naar het feit dat het zelf die muur is.

V: Ik zou dat zo graag willen doorzien.

A: En daar staar je al bij de muur. Er valt namelijk helemaal niets te begrijpen. Wat is, is niet-iets. Bevrijding is gewoon geen weten binnen 'ik ben', maar simpelweg het einde daarvan.

V: Hoe kan ik het dan ten einde brengen?

A: Helemaal niet. Ook dit 'einde'-issue is een verhaal. Aan het eind wordt namelijk duidelijk dat 'ik ben' helemaal niet echt is en nooit echt was. Het eindigt dus helemaal niet echt. 'Ik ben' was er nooit.

Eraan voorbij

V: *Kunnen we niet voorbij non-dualiteit gaan?*

A: Er bestaat niets, geen toestand, als 'non dualiteit'. Non-dualiteit is een verhaal. Je kunt niet voorbij gaan aan 'wat is', want elk 'voorbij gaan aan' is ook 'wat is'. Waar schijnbaar aan voorbij kan worden gegaan, is een concept van non-dualiteit. Maar dat vindt dan wel plaats binnen het verhaal, c.q. binnen de persoonlijke ervaring. Veel mensen krijgen een glimp van wat hier gezegd wordt, maar overleven het. Daarna maken ze concepten van de schijnbare inzichten die ze hadden. Na een paar maanden, soms na jaren, begint dit concept van non-dualiteit te botsen met de eigen, persoonlijke ervaring en dan moet het concept worden uitgebreid met wat persoonlijke onderdelen. Het schijnbare ik ervaart dat als groeien of als er boven uitstijgen.
Maar waar het schijnbaar aan voorbij is gegaan, is het eigen concept van wat het dacht begrepen te hebben – en dan is er een nieuw concept.

V: *Hoe kan dat zo gebeuren?*

A: Het dilemma is, dat degene die deze glimp van vrijheid overleefd heeft, zichzelf nu weer ervaart als 'iemand'. Het moment was absoluut authentiek, en voor korte tijd schijnt die persoon te teren op de helderheid van die glimp. Maar dan volgt op de eerdere persoonlijke ervaring één erna, met meer werk. Het wordt geïntegreerd, bewaakt, gevoeld, uitgeprobeerd, verder onderzocht. Vervolgens wordt het geïnterpreteerd als noodzakelijke verdere persoonlijke ontwikkeling.

V: Er zijn toch ook leraren die zowel non-dualiteit als methodes aanbieden.

A: Ja, wat onderwezen wordt, valt samen met persoonlijke ervaring. En als er iemand is die integreert en heelt, is dat wat wordt doorgegeven. Dat is totaal oké, c.q. het is schijnbaar wat gebeurt – en toch is het iets anders dan wat hier wordt gezegd. 'Non-dualiteit' bestaat niet. 'Non-dualiteit' kan niet geleefd worden. Het heeft niets te maken met heling, niets met een weg, niets met persoonlijk ontwaken. Die persoon bestaat niet. Er valt niets te integreren, niets te helen, niets te beoefenen – behalve dat het is wat schijnbaar gebeurt!
Vanuit het standpunt van 'ik ben' kan dat klinken als stagnatie. Maar bij Andreas is het geen stagnatie, net zoals er niemand is die dat allemaal kan en moet doen.

V: Ben jij aangekomen?

A: Nee, ik ben niet aangekomen. Er is niemand die kan aankomen. Deze hele ervaring van onderweg zijn, is verbeelding. Wie zou er kunnen aankomen?!

V: Hm.

A: Het schijnbare ik kan een tijdje het gevoel hebben, in een alles verklarend concept van 'non-dualiteit' te zijn aangekomen. Een poosje lijkt het een goeie verklaring. Maar het zegt helemaal niets.

V: Hè?

A: Zoals gezegd bestaat er niet zoiets als 'non-dualiteit'. Er is 'alleen' dat, wat is. Ja, dat kun je 'non-duaal' noemen en toch is het volkomen irrelevant hoe je het noemt. 'Wat is', is onkenbaar en hoeft ook niet gekend te worden. Dat, wat schijnbaar gebeurt, hoeft zichzelf niet te kennen om heel te zijn. Afgezien daarvan, is elk kennen denkbeeldig, c.q. ook dat, wat schijnbaar gebeurt.

V: Maar waarom gaan sommigen dan toch terug naar het doorgeven van een weg en een methode?

A: In de eerste plaats omdat ze zichzelf ervaren als 'iemand'. Als er 'iemand' is, wordt deze boodschap vroeg of laat ervaren als 'te weinig', c.q. als onvoldoende. Dan moet er natuurlijk iets aan toe worden gevoegd om het op te blazen – een theologie, een weg, methodes, verfijning, of iets dergelijks. Je zou je ook kunnen voorstellen dat er een vermoeden is, dat deze boodschap de persoon kan helpen. Maar dat blijkt na een tijdje denkbeeldig.
Het helpt juist niet, omdat de hulpbehoevende persoon helemaal niet als echt erkend wordt . Omdat deze boodschap zowel hem als zijn leerlingen niet heeft kunnen helpen zoals hij zich had voorgesteld, kan de spirituele leraar zich er ook teleurgesteld van afkeren.

Geen hulp

V: Deze boodschap helpt helemaal niet. Vaak heb ik het gevoel dat ik iets begrepen heb, maar als het er op aankomt, is de pijn er weer helemaal. Ik begrijp het gewoon niet.

A: Deze boodschap moet en kan helemaal niet helpen, want het erkent niemand die behoeftig is. Degene die een uitweg zoekt, is denkbeeldig. Die persoon bestaat niet. Van pijn af te komen, is de droom.

V: Ja, ik wil er van af.

A: Er is geen uitweg.

V: Dat weet ik toch, maar het helpt niet.

A: Ja, absoluut. Dat te weten, helpt niet. Dat er ook maar iets te begrijpen valt, is al de droom. Tot op zekere hoogte lijkt deze boodschap totaal logisch. Het schijnbare ik 'weet' hoe het ik functioneert, 'begrijpt' de samenhang tussen het zoeken en het niet-kunnen-vinden. Maar het heeft geen toegang tot het feit dat het er allemaal niet is. Dus het begrijpt een samenhang, een werkelijkheid die helemaal niet bestaat. Er is geen 'ik ben', er is geen afgescheidenheid. Het hele patroon is niet echt. Er valt niets te begrijpen.

V: Als ik dat nou maar zou kunnen begrijpen! (lacht)

A: Vergeet het. Dit 'ik' is de droom. Elk begrijpen zou weer een ervaring zijn binnen de ervaring van 'ik ben'.

V: Maar begrijpen bestaat toch.

A: Begrijpen kan natuurlijk verschijnen, maar het is leeg – en tegelijkertijd alles. Als er iemand is die ervaart, dan beleeft hij begrijpen als iets echts, en leeft zo in de werkelijkheid. Dan zijn 'ik' en 'mijn begrijpen' er – natuurlijk schijnbaar.

V: Wat levert dit hier me dan op?

A: Niets. Je hebt er niets aan. Het kan je niets opleveren omdat het alles is.

V: Dan ga ik toch liever ergens anders heen.

A: Niets levert je wat op. Maar de illusie dat er iets is, kan er zijn. Bijvoorbeeld hulp. Bevestiging dat je iets kunt doen. Dat je op de juiste weg bent. Uiteindelijk de bevestiging dat jij bestaat.

V: *Dat voelt toch goed!*

A: Ja, natuurlijk voelt dat goed. 'Ik ben' leeft er echt van op. Het leeft in de fantasie van 'ik heb iets nodig' en dan krijgt het schijnbaar iets. De zoeker komt naar de leraar en vraagt: "Meester, wat kan ik doen?" De leraar zegt: "Je moet loslaten oefenen". En 'ik ben' loopt weg, stralend van vreugde, dankbaarheid en vers bevestigd. Ook de leraar werd bevestigd want hij kon toch iemand helpen. Een leuk spel – alleen heeft het niks te maken met bevrijding.

V: *Hm.*

A: Op elke hoek kun je hulp vinden. Soms helpt het zelfs. Schijnbaar. Een tijdje. Als dan niets meer helpt, zoek je iets nieuws. 'Ik ben' noemt het dan ontwikkeling. Maar wat daarin nooit verandert, is het patroon van 'ik ben': 'ik ervaar iets', 'wat ik ervaar is niet genoeg' en 'ik moet het vinden'. Het is niet verkeerd, want het is eenheid zelf. Het zou alleen tragisch zijn als het echt was.

Verlichting onverdund

V: *Ik heb nu al zo lang naar verlichting gezocht en de laatste tijd alleen nog maar geleden. Het was zo pijnlijk. Zeg nou maar dat het voor niks was.*

A: Ja, natuurlijk was het voor niks. Verlichting bestaat niet. Overigens was het eenheid zelf dat zo verscheen.

V: *Ik was zo wanhopig.*

A: Ja, dat kan gebeuren. Het zoeken naar verlichting kan heel intens worden. Het schijnbare ik projecteert al zijn wensen en hoop op verlichting. Het wacht op de niet aflatende perfecte ervaring. En zo kan elk moment tot graadmeter worden. Als het zoeken heel intens is, moet elk moment de vraag; "Ben ik het?", of: "Is het dat?" standhouden. Natuurlijk lukt dat niet – en 'ik ben' faalt. Het dilemma is, dat zijn pure aanwezigheid wijst naar zijn mislukken.

V: *Het is om wanhopig van te worden.*

A: Ja, 'ik ben' wordt wanhopig in zijn poging één te worden. Hoe dan ook. Ik wilde heel lang ontdekken of ik in het moment was of niet – en elke keer dat ik mezelf dat afvroeg, was ik er natuurlijk niet. Ook ik was weliswaar wanhopig maar ik dacht toch dat het betekende dat ik zou oplossen.

V: *Was het voor jou ook intens?*

A: Mij interesseerde helemaal niets anders. Nou ja, bijna niets.

V: *Moet ik dan stoppen met spiritueel zoeken?*

A: Wie zou dat moeten doen? Waarom? Er is geen beter of slechter zoeken.
De zoektocht naar vervulling in de materiële wereld – in seks, in plezier, in geld, – is net zo gedoemd te mislukken als de zoektocht naar eenheid, naar wijsheid, heling of verlichting. Geld is net zo min 'iets' als 'verlichting'. Beiden zijn bij wijze van spreken leeg. Beiden zijn niet-iets. Geen van beide brengt dat, wat het schijnbare ik erin vermoedt, – persoonlijke vervulling – met zich mee. Dat dingen 'dingen' zijn, die 'mij' iets kunnen geven, is de droom. Er is geen wereld en er zijn geen dingen, en overigens ook niemand die verloren heeft, en moet vinden.

Sterven

V: Ik heb het gevoel dat mijn hele leven aan het oplossen is. Zo had ik het niet verwacht en ik ervaar het als heel pijnlijk. Ook lijkt alle controle op te lossen. Ik wortel en worstel en kom niet verder.

A: Dus een echte overlevingsstrijd.

V: Ja, absoluut. Ik kan ergens wel zien dat het niet echt is – en toch komt het steeds weer hard aan, en het is heel pijnlijk en beangstigend.

A: Ja, dat kan zijn. Vanuit het standpunt van 'ik ben', is het inderdaad sterven.
Het verliest alles, inclusief zichzelf. Zo intens kan het voelen.
Controle is denkbeeldig. Voor het schijnbare ik, dat er aan gewend is dat er echte dingen zijn, kan dat heel beangstigend zijn. Het verliest elk gevoel van oriëntatie en verdrinkt rechtstreeks in de absoluutheid van wat is. Het wil niet sterven. Niemand zou besluiten tot zijn eigen dood, behalve in totale wanhoop. Het zou toegeven onbevredigd te sterven. Dat zou het nooit doen. En dat moet het overigens ook helemaal niet. Het gebeurt – schijnbaar, of niet.

V: Maar waarom moet het dan zo pijnlijk zijn?

A: Hoeft helemaal niet, maar als het zo gebeurt, gebeurt het nou eenmaal zo. 'Ik ben' is niet echt, en ook de overlevings- of doodsstrijd niet. Sterven is makkelijk – het gebeurt. Natuurlijk zo, zoals het gebeurt. Er kan gevochten worden tot het eind – of langzaam vrede worden gesloten. Het gebeurt – schijnbaar. Er is overigens niemand die zou kunnen kiezen. En: wat er ook gebeurt, het is al 'dat'.

V: Hoe was het dan voor jou?

A: Ik ben zachtjes ingeslapen, zou je kunnen zeggen. De tijd van het intense zoeken was ongeveer twee jaar voor mijn dood voorbij. Natuurlijk was er tegelijkertijd ook het zoeken. Het was er immers nog. Schijnbaar tenminste. (lacht)

Of – of

V: Andreas, ik weet niet wat ik moet kiezen. Sinds ik deze boodschap gehoord heb, ben ik heel erg in de war. Heel concreet vraag ik me af, of ik in therapie moet gaan of beter naar deze bijeenkomsten kan komen. Hoe denk jij daarover?

A: Tja, ik begrijp je schijnbare tweestrijd – het is dat, wat schijnbaar gebeurt. Maar je vraag maakt duidelijk dat je veronderstelt dat er twee mogelijkheden zijn: jij zou er zijn, 'goed' en 'fout', en een keuze. Dat is de droom. Wat je concreet moet doen? Ik heb geen idee.

V: Ja, ik zoek iets concreets.

A: Dat 'jij' de droom bent, is heel concreet. Er is geen 'of-of'. Wat hier gezegd wordt, is niet de betere weg. Niemand leeft op een non-duale manier. Het is niet tegengesteld aan therapie. Je kunt niets goed of fout doen, want 'jij' bent de droom.

V: Bedoel je dat het geen rol speelt?

A: Ja, het heeft geen betekenis. Niemand heeft interesse in wat jij doet of niet doet, want er is niemand. Je 'doet' niet eens, c.q. je bent helemaal niet wat je je voorstelt, namelijk een echt, zelfstandig wezen.

V: Kan ik me dat 'ont-voorstellen'?

A: Nee, dat kun je niet. Dit 'ik', dat denkt dat het bestaat, is er niet echt. Niemand stelt zich dat voor, en niemand kan zich 'ontvoorstellen' Deze aanwezigheid is denkbeeldig. Als het verschijnt, dan verschijnt het in de ervaring als absoluut echt.

V: Hoewel het dat niet is?

A: Ja, hoewel het dat niet is.

Bedreigend

V: Alles komt zo bedreigend bij me over.

A: Ja, dat kan gebeuren. Levensbedreigend.

V: Hm.

A: In zekere zin heb je gelijk. 'Ik ben' voelt zich voortdurend bedreigd. Om niet te sterven, moet het actief blijven. In elke situatie moet het 'doen', zodat het er niet in verdwijnt.

V: Dat is echt hard werken.

A: Ja, dat is zo.

V: Maar waarom is de illusie zo sterk?

A: Omdat dat is, wat schijnbaar gebeurt. Het is niet sterk in de zin dat het ook zwakker zou kunnen worden. Het is eenheid, dat verschijnt als het ervaren van 'ik ben'. Als dat is wat verschijnt, is het onomstotelijk. Maar als het oplossen gebeurt, is het niets.

V: Wie maakt dan deze enorme energie voor het zijn van 'ik ben' beschikbaar?

A: Ook dat is eenheid zelf. Daarvoor is eindeloze energie beschikbaar. Zelfs dàt gebeurt totaal moeiteloos.

Geen gebeurtenis

V: Je hebt eens gezegd dat er niets gebeurde en je er niets van gemerkt hebt.

A: Eigenlijk is het nooit een gebeurtenis, maar het kan verschijnen met een gebeurtenis. In zekere zin kun je ook zeggen dat het dan merkbaar is. Maar er is niemand die iets bemerkt, en daarom ook geen echt bemerken. Bevrijding is de dood van degene die leeft in bewustzijn – dus in bemerken.

V: Ja, ik wacht erop dat er 'iets' gebeurt.

A: Precies dat is de droom: dat er nog iets gaat gebeuren. Dat er nog iets komt – een toekomst, een volgend moment – hoort bij de ervaring 'iemand' te zijn. Als 'ik ben' oplost, lost deze ervaring op. Wat blijft, is dàt, wat, hoe dan ook, al is. Wat blijft, ben jij, zoals je, hoe dan ook, al bent – maar zonder de illusie en de ervaring 'iets' op zichzelf te zijn.

Niets nieuws

V: Beste Andreas, wat jij zegt is niets nieuws. Ik heb het gevoel dat ik het al duizend keer heb gehoord en er is niets gebeurd.

A: Ja, het is niets nieuws. Wat jij bent, is niets nieuws; een zogenaamde oude hoed: iets wat iedereen al weet. En omdat jij het al bent, zou ik niet weten wat er nog zou moeten gebeuren. Het hoort bij de droom van 'ik ben', dat er nog iets moet gebeuren voor het heel is.

V: Hm.

A: Ik heb niets te geven. Ik heb niets dat jij niet ook hebt. Je hoeft niet naar de bijeenkomsten te komen. Je hoeft niet ook mij nog te ervaren. Ik kan je net zo weinig geven als ieder ander.

V: *Dat voelt geweldig.*

A: Ja, het is vrij. Het is gratis. Het is voor niets en niemand. Dat is de vrijheid.

V: *Maar wat doe jij dan als er niemand meer komt?*

A: Geen idee. Misschien ga ik werken. (lacht)

Onvoorstelbaar

Het schijnbare ik kan voor deze boodschap alleen maar doof blijven, of hem afwijzen. Hoe dicht hij er verstandelijk ook bij lijkt te komen, voor het schijnbare ik is het niet voor te stellen. Het blijft onhoorbaar, omdat het de ervaring van het schijnbare ik totaal tegenspreekt. 'Ik ben' ervaart zichzelf gewoon als aanwezig, dat is wat het typeert: zichzelf als aanwezig te ervaren en in zijn eigen werkelijkheid te leven. Hoe zou het zichzelf ooit afwezig kunnen voorstellen? Hoe moet het zichzelf ooit afwezig voorstellen, als het zichzelf al zijn hele schijnbare leven als aanwezig ervaart?! Het is simpelweg onmogelijk.

Ophouden

V: Andreas, het lukt me gewoon niet met zoeken te stoppen.

A: Natuurlijk niet. Wie zou dat moeten doen?

V: Maar ik weet dat het zinloos is.

A: Ja, oké. 'Ik ben' kan niet stoppen met zoeken, want het bestaat alleen maar uit zoeken. Daarom is dit hier geen aanbeveling om te stoppen met zoeken. Zoeken is denkbeeldig, net als de zoeker. Er is geen echt zoeken.

V: Jij bent gestopt met zoeken.

A: Nee. Bevrijding is het einde van de zoeker en daarmee vanzelf het einde van het zoeken. Maar dat einde is niet maakbaar noch te voorkomen, nog afgezien van het feit dat het helemaal niet gebeurt.

V: Dus je denkt dat het oké is dat ik zoek?

A: Nou ja, 'oké' is ook weer zoiets. Het is dat, wat schijnbaar gebeurt. Het gaat voorbij aan goed en fout. Zo beschouwd is het natuurlijk 'oké' – en toch is het dat, wat het schijnbaar is: het vergeefse zoeken naar persoonlijke vervulling.

Per saldo

V: Andreas, na alles wat je zegt: wat blijft er per saldo over?

A: Niets blijft er over. C.q. niet-iets. Dat blijft over, maar er is niets dat je mee kunt nemen.

Waar hier over gesproken wordt, is geen concept en geen leer. Eenheid is niet iets dat je puntsgewijs kunt begrijpen, verwerken en afchecken. Wat is eenheid dan? Dit 'hier': zitten, spreken, de kamer. Wat natuurlijk niet-iets is. Hoe wil je dat, wat schijnbaar gebeurt, afchecken?
Dat, wat schijnbaar gebeurt, *is* gewoon. Zonder reden, maar gewoon precies zo. Dat is het wonder. Een wonder dat niet begrepen of erkend of wat dan ook hoeft te worden. Je zou kunnen zeggen dat het onvoorwaardelijk is.

V: Het is heel energetisch.

A: Ja, absoluut. 'Het' is energie. Natuurlijk niet 'een' energie, maar gewoon energie die verschijnt als dat, wat verschijnt.

Geen afgescheidenheid

Afgescheidenheid bestaat gewoon niet. Dit hele mechanisme van scheiding, verloren-zijn en zoeken bestaat niet. Er is niets waaraan gewerkt moet worden of dat moet worden opgelost. Er is niets dat opgelost of waaraan gewerkt kàn worden.
Het is enkel dat. 'Ik ben' is een droom. Natuurlijk faalt het ik in zijn streven naar persoonlijke perfectie – het bestaat helemaal niet. Met al zijn pogingen, manieren en methodes probeert hij een afstand te overbruggen die er helemaal niet is. Het is echt verbazingwekkend.

Met dank aan

Chris Paschinger

Traude Rehse-Scholich

Maria Pätzold

Maren Roloff

Nadine en Soham

Tony en Claire Parsons

Andreas, geboren in 1979 in Ludwigsburg bij Stuttgart, was sinds zijn jeugd een spiritueel zoeker. Terwijl hij in deze tijd dacht zijn weg naar het geluk te kunnen vinden door het consumeren van diverse middelen, stortte zijn leven langzaam in. In zijn zoektocht naar het opnieuw nuchter beleven van de momenten van geluk die hij in zijn roes ervaren had, struikelde hij in 2002 de spiritualiteit en de satsangs binnen. In 2009 ontmoette hij Tony Parsons en zijn compromisloze boodschap. De zoeker stierf bijna geruisloos.
Sinds 2012 reist Andreas over de wereld, aangemoedigd door Tony, en biedt zijn OnenessTalks aan.

Informatie:

www.thetimelesswonder.com